資本主義の告発者とパンデミック

マルクス、エンゲルスの足跡から

坂本茂男
Sakamoto Shigeo

新日本出版社

目次

第二部　マルクス『資本論』とコレラ・パンデミック

＊本書掲載の写真はすべて著者が撮影したものです。

はじめに

　私たちの生きている二一世紀、新型コロナウイルス感染症の世界的な大流行（パンデミック）に、世界中の人々が直面しました。多くの人々が戸惑い、「命を守りたい」、「社会のあり方はこれでいいのか」と考えさせられたのではないでしょうか。

「感染症」は、細菌などの病原体が体内に侵入して「感染」し、それが引き金となり病気を発症するものです。ＷＨＯ（世界保健機関）は、「かつて知られていなかった、新しく認識された感染症で、局地的あるいは国際的に、公衆衛生上問題となる感染症」を「新興感染症」とよび、これまでに三〇種類以上が出現しているといわれています。

　グローバルな経済発展は、感染症を広げる足場になっています。飛行機などの移動手段の発達は、地球上の人の移動を短時間で容易にできるようにしました。森林伐採がすすみ、野生動物と人間との距離が近くなり、さまざまな動物由来のウイルスに人間が感染する危険が増しています。地球温暖化による感染症のリスクの増大も懸念されます。例えばマラリア、デング熱などは、媒介動物の蚊の分布や個体数が増加することにより感染拡大をまねく可能性があります。同時に、貧困と格差も、感染拡大に影響します。ユニセフによると、二〇二〇年には、約四人に一人が自宅で安全に管理された飲料水を得ることができず、世界人口の半数近くが安全に管理されたトイレを使用できませんでした。新型コロナ・パンデミックの発生時点では、世界の一〇人に三人は自宅でせっけんと水を使って手を洗うことができませんでした。感染症の拡大は、社会のあり方と切り離して考えられません。

一九世紀にはコレラが世界的に大流行します（パンデミック）。当初はそもそも細菌の存在も未知のもので、感染のメカニズムがわからず、人が次々に亡くなることに、まさに「見えない恐怖」に襲われたとして人々は戦慄《せんりつ》しました。そして、感染症の探求のなかで、感染症の拡大は社会のあり方と切り離せないと、社会の改革を求める流れが生み出されていきます。

この一九世紀は、イギリスで前世紀に始まった産業革命が世界に広まり、資本主義が大きく発展していく時期でした。商品流通が活発になり貿易が盛んにおこなわれ、移動手段も鉄道や蒸気船などが発達し、交通網が世界的に整備されていきます。そして植民地支配拡大のための戦争や軍隊の移動も活発に行われました。実は、コレラが世界的な大流行（パンデミック）につながったのは、こうした一九世紀の特徴、資本主義の世界的発展と重なるところがあるのです。一九世紀の資本主義の発展とあわせてコレラ・パンデミックを深めることは、二一世紀の世界的感染症の流行を見る視点を深めることにつながるのではないかと考えています。

その一九世紀に、科学的社会主義の創始者のマルクス（一八一八―八三）、エンゲルス（一八二〇―九五）は活躍していました。二人は、哲学や経済学の発展に力をつくし、資本主義の矛盾を告発した人物として知られています。彼らが明らかにした資本主義の弊害は、資本主義は儲け（利潤）

最優先のメカニズムであり、その利潤追求が、社会の一方に富を集め、もう一方に貧困を生み、人間の健康を破壊し、自然を破壊することでした。そして、その矛盾を乗り越える未来社会としての社会主義・共産主義社会を展望しました。

そのマルクス、エンゲルスも、「見えない恐怖」としてのコレラ・パンデミックに直面したわけです。マルクスは、コレラが大流行する地区で暮らし、また家族もふくめコレラに感染、命の危機がありました。エンゲルスも工場経営にたずさわったマンチェスターでのコレラ感染を書き留めています。二人は、このパンデミックにたいしてどんな問題意識をもち、社会変革の展望に生かしたのでしょうか。私はそのことが気になり、二〇一七年に彼らと関連の深いイギリスのゆかりの地を訪ねました。こうして調べたことが、今日、新型コロナの流行を迎えて、生きてきたことに驚いています。本書では、二人がコレラ・パンデミックをどうとらえたのか見ていきたいと思います。

手がかりにしたいのはエンゲルスの『イギリスにおける労働者階級の状態』とマルクスの『資本論』です。この二冊は、科学的社会主義の創始者たちが、コレラ・パンデミックにどう向き合ったのかを学ぶのに最適です。『イギリスにおける労働者階級の状態』（以下『状態』。本書では新日本出版社の古典選書版から引用し、上・下巻の区別とページ数のみ記載）は、二四歳のエンゲルスが一八四五年に刊行したもので、イギリスで始まった産業革命が労働者の働き方や暮らしにどういう影響をあたえたのか、実地調査をもとに、リアルな事実を告発した名著として知られています。イギリス以外の国も産業革命を経て、資本主義が発展すると、どういう弊害が起こるのか知らせる警鐘をならしました。『状態』を読むと労働者の貧困、不健康な様子に、いま目の前で起きているかのような気持ちにさせられます。つまり、資本主義の本質は今もかわりないことを実感させられるわけです。現在も公衆衛生にかかわるすぐれた文献として、医学部や社会福祉系大学の文献学習でとりあげられています。

マルクスの『資本論』は、「資本主義」という用語が市民権をえるのに大きな役割をはたした名著です。マルクスが生涯をかけて、いま私たちが暮らしている社会、資本主義社会とは何か、その本質をつかみ、これが本当に永遠に続くシステムなのかどうか、どう変革するのがいいのか未来の展望まで見いだしています。今日、格差と貧困の広がりのなかで、「マルクスの『資本論』が言っていた状況とそっくりだ」と、あらためて注目が集まっています。日本共産党中央委員会社会科学研究所が監修した『新版 資本論』（新日本出版社）が新たに一二分冊にわけて刊行され、二〇二一年に完結しました。実は『資本論』は、エンゲルスの『状態』のすぐれた到達を踏まえ、労働者の健康についての実態告発書としての面をもっています。

本書では、「第一部 エンゲルスとコレラ・パンデミック」として、エンゲルスの『イギリスにおける労働者階級の状態』を手がかりに話をすすめ、「第二部 マルクス『資本論』とコレラ・パンデミック」として、『資本論』のコレラ・パンデミックに関連する部分を紹介していきたいと思います。マルクス、エンゲルスの古典に学び、新型コロナ・パンデミックに立ち向かう力を得られればと思います。

第一部　エンゲルスとコレラ・パンデミック

――『イギリスにおける労働者階級の状態』を手がかりに

序章　コレラの恐怖——一九世紀に世界的流行

（1）一八一七年、コレラの流行はじまる

コレラは、インドのカルカッタ（現コルカタ）付近の風土病でした。イギリスがインドの植民地支配をすすめる中で、デカン高原一帯を支配していたヒンズー教徒の勢力との対立が生まれ、一八一七年、第三次マラーター戦争が勃発します。コレラの感染地帯に侵入した一万人のイギリス軍部隊でコレラが発症、およそ一カ月で三〇〇〇人が亡くなったといわれます。そこから軍隊の移動や水陸の交通網の整備、貿易の発展があり、世界的な感染流行が始まります。

自然環境の激変によって、風土病のコレラが強毒性になったのではという研究もみられます。一九世紀の環境史が専門のギレン・ダーシー・ウッド『タンボラ　世界を変えた噴火』（二〇一四年　未邦訳）によると、一八一五年にインドネシアのタンボラ火山が有史以来最大級の大噴火をおこし、吹き上げられた噴煙で、世界中の気象が変動したといわれます。(1) ヨーロッパでは翌一八一六年は「夏のない年」とよばれる現象がおき、食糧危機にも直面します。インドのベンガル地方も気

コレラ・パンデミック年表

世界的大流行		イギリス流行年(死者)	マルクス、エンゲルスの著作
第1次	1817−1824		
第2次	1829−1837	① 1831−1832 (3.1万人)	
第3次	1840−1860	② 1848−1849 (6.2万人) ③ 1853−1854 (3.1万人)	1845年、エンゲルス『イギリスにおける労働者階級の状態』
第4次	1863−1875	④ 1866 (1.6万人)	1867年、マルクス『資本論』第一部 1872〜73年、エンゲルス『住宅問題』
第5次	1881−1896		1892年、エンゲルス『状態』ドイツ語第二版序文
第6次	1899−1922		

参考）見市雅俊『コレラの世界史』。なお、世界的大流行の時期には諸説あります

温や、地表の温度、モンスーンの到来時期の変化など気象が激しく変わり、コレラ菌が変異を起こして強毒で感染力が強いものになったのではないかと推測しています。当時、インド・カルカッタのイギリス人医師のジェームズ・ジェイムソンは、コレラの原因を一八一六年から一七年にかけてのベンガルの異常な気候によって広がったという報告(2)（一八二〇年）をあげていました。

(2) 未知の感染症——「青い恐怖」

コレラの世界的大流行（パンデミック）は、一九世紀に六回を数えました（表）。第一次流行では、一八二二年、江戸時代の日本に達し、患者・死者十数万人に及ぶ惨事となりました。

当時、コレラの正体は未知のものでした。コレラの症状が表れる際には、突然激しい下痢と嘔吐《おうと》が起こります。下痢の症状は〝米のとぎ汁様〟と形容されます。数時間で重度の脱

水症状になって、強い痛みを伴う筋肉のけいれんがおきます。そして体が干からびたようになり、眼がくぼみ、指の皮膚がシワシワになり、形相が恐怖に満ちたように見えます。最後に全身が真っ青になって死亡するので、「青い恐怖」と呼ばれました。感染すると二人に一人は亡くなったといわれています。こうした他の感染症とも違う特異な様相が、たいへんな恐怖を生みました。日本での流行では、発病から三日ほどで亡くなってしまうので、「三日コロリ」という俗名もつけられました。

マルクスと交流のあった詩人ハインリヒ・ハイネは、一八三二年四月に、コレラの感染拡大がはじめて広がっていったパリでの体験を、「フランス事情」というルポルタージュに書いています。

「私が言うのは、先日来パリを支配しているコレラのことである。しかもその力は限界を知らず、身分、信条におかまいなく人々を何千人となくなぎ倒し犠牲者にしているのだ」

「その日の夜、仮面舞踏会はかつてない賑《にぎ》わいを見せ、はめをはずした笑い声が、耳を聾《ろう》さんばかりの音楽までそのざわめきで圧倒するほどであった。（中略）道化たちのうちこれまでもっとも陽気だった人が、突然ぞっとするほど足が冷えるのを感じ、仮面をはずした。周りの人々が驚いた。菫《すみれ》のような青い顔が仮面の下から現れたからである。人々は間もなく冗談でないことに気づき、笑い声がとだえた。（中略）彼らは珍奇な仮装服を身に着けたまま〔病院に――引用者〕到着し、すぐ息を引きとった。（中略）死者たちは、うわさによれば、色とりどりの道化服を脱がせてもらういとまもなく、即座に埋葬された」（ハインリヒ・ハイネ『ハイネ散文作品集』第一巻

松籟社　一九八九年　一七〇～一七一ページ）

フランスでは、まだコレラの感染に無防備ななか、急激な症状の進行と死に至った様相が、恐怖を広げたことが伝わってきます。

マルクス、エンゲルスが、人生の大半を過ごしたイギリスでは、一九世紀、大きくいって四回のコレラの大流行がありました。第一次（一八三一～三二年）、第二次（四八～四九年）、第三次（五三～五四年）、第四次（六六年）です。マルクス、エンゲルスもその四回の大流行を、体験もふくめて記述を残しています。彼らがどのようにコレラ・パンデミックを記録し、挑んだのか見ていきましょう。

第一章　若きエンゲルスの目に映る社会の矛盾
――『状態』で、事実の集大成による告発

(1) 一八歳のエンゲルス、工場の環境破壊、労働苦に心痛める

エンゲルスは、一八二〇年一一月二八日、現在のドイツのバルメンで、工場経営者の息子として生まれます。経営者の跡取りとして父親から期待されて育てられますが、若い時から反発しています。エンゲルスは一八歳の時に、ルポルタージュ「ヴッパータールだより」を新聞「テレグラフ・フュール・ドイッチュラント」に、ペンネーム「フリードリヒ・オスヴァルト」名で投稿します。地元ヴッパータールで大きな反響をよび、たちまち同紙は売り切れたといいます。

エンゲルスは、工場からの煤煙《ばいえん》と排水が環境を破壊していることを告発し、そして労働者の過酷な実態にも目を向けています。

「〔ヴッパータール〕は、二つの都市、エルバーフェルトとバルメンを指しているが、この両都市は行程三時間ほどもかかる長さのヴッパー河の渓谷にある。狭い流れが早くなったり淀んだりしながら、緋いろの川波をけたてて、煙を吐いている工場と糸でいっぱいの晒《さら》し場のあいだを

通って流れている」（『マルクス＝エンゲルス全集』〔以下、全集〕①　大月書店　四四九ページ）「酸素よりも煤煙やごみをはるかに多く吸わされてしまう狭くるしいところでの労働、六歳にもなればたいてい始まる労働は、労働者の精力と生活の喜びをいっさい奪うにいたった」（同四五一ページ）、「驚くほどみじめな状態がヴッパータールの下層階級、とくに工場労働者のあいだに支配している」（同四五二ページ）

一八歳の若きエンゲルスが、社会に目を向け、工場による環境破壊、労働者の苦難に心を寄せる思いは、『状態』で労働者の実態の全面的な探究につながったと思います。

（2）イギリス・マンチェスターで労働者階級の実態を調査

エンゲルスの父は、一八三八年、エルメン兄弟と共同で、イギリスのマンチェスターで紡績工場（ヴィクトリア工場）の経営をはじめます（二〇ページの写真）。

一八四二年一一月、エンゲルスは工場経営の見習いのため、マンチェスターに行きます。このあと二一カ月のイギリス滞在のなかで、観察、体験したことを、のちに『状態』にまとめます。

当時、エンゲルスは二二歳になったばかりです。産業革命を経た工業の先進地帯、また労働者のたたかいの先進地帯であるイギリスは、どうなっているのか、実際に見てみたいと心躍る気持ちもあったのでしょう。『状態』の「大都市」の章の冒頭、エンゲルスの実感が語られています。

マンチェスターにあるエンゲルスが経営したヴィクトリア工場の跡

「私は、海からロンドン・ブリッジへのぼっていくときに、テムズ川がくりひろげる光景ほど、堂々としたものを見たことがない」（上・五〇ページ）。両岸の造船所や無数の船をみて、「イギリスの偉大さに驚嘆するのである」（上・五一ページ）と巨大都市ロンドンの姿に圧倒された心情をのべます。

しかし、ロンドン上陸後、繁栄の一方の現実を知ることになります。「あとになってはじめて、これらすべてのことのために払われた犠牲が発見される」といいます。そして、「少数の人びとがますます発展し、他人の力をあわせてそれを何倍にもしていくために、ロンドン人のなかに眠っている何百もの力が活用されず、抑圧されたということに気づくのである」（同前）と述べています。

労働者の実態をつかむ方法の特徴

イギリスは資本主義が最も高度に発達していた国でしたが、エンゲルスのこの本が出るまでは、産業革命を経てイギリス社会はどうなったのか、特に労働者階級の状態はどうなのか、変革の道筋はどうなるのか、事実をもとに全面的に描き出した本はなかったのです。「序文」に明確な目的意識が書かれています。

「労働者階級の状態は現在のあらゆる社会運動の実際の土台であり、出発点である。なぜならそれは、われわれの現在の社会的困窮の最高の、もっともあからさまな頂点だからである」、社会変革にむけ「あらゆる夢想や幻想に終止符をうつためには、プロレタリアの状態を知ることが絶対に必要である」、「プロレタリアの状態が古典的な形で完全に存在しているのは、ただイギリス、とくに本来のイングランドだけである」（上・一七ページ）

労働者階級の実態をどう掘り下げていくのか、『状態』は二つの方法をもちいています。

「私は二一ヵ月のあいだ、イギリスのプロレタリアート、その努力、その苦しみと喜びを個人的な観察や個人的な交際によって身近に知る機会をもち、同時に、信頼できる必要な資料を利用して私の観察を補足する機会をもった。私が見たり、聞いたり、読んだりしたことは、この書物のなかにとりいれられている」（上・一七〜一八ページ）と書いています。

一つは、徹底した実地調査です。アイルランド人の恋人メアリー・バーンズの協力もえて、貧民街などを歩き回り、そこで観察し、実感していることを書いているので、記述がなまなましく、描写に迫力を与えていると思います。それにイギリスのチャーチスト運動家と知り合いになり、集会にも参加するなど、交流をはじめたことも労働者の見方を深めることになったでしょう。

同時に、「信頼できる必要な資料」すなわち公的な文献や、医師などの専門家の報告書などを活用しています。この報告書では、労働者の健康問題を取り上げますが、当時の最新の文献であり、今日でも公衆衛生にかかわる代表的な文献を駆使して、観察したことを裏づける深みをあたえています。

またエンゲルスは、政府、議会の報告書の扱いについてこんな言い方もしています。

「委員会の膨大な報告書は内務省の書棚の紙くずの山のなかに永遠に埋もれてしまう運命にある。このぼろぼろになりつつある青書から、『自由の身に生まれたイギリス人』の大部分の人の状態について、誰でも容易に情報がえられるような手軽に読める本を、たった一冊でもまとめようとしたことが、彼らにはあるだろうか。もちろん、彼らはやらない」（上・一五ページ）

私自身、エンゲルスの論証の徹底ぶりに気がついたとき、本当に感嘆しました。その引用の仕方は、「対人立証」といわれますが、自分の主張の正しさを、相手側の材料で証明する論法として使っているところに特徴があります。

「私は引用をするときにはだいたいにおいて私の証人の党派をあげておいた。それは次の理由による。自由党の人びとはほとんどすべて農業地域の貧困を強調するが、工業地帯の貧困は否定しようとし、逆に保守党の人びとは工場地帯の困窮はみとめるが、農業地方の困窮は知ろうとしないからである。また私はこういう理由によって、公式文書が入手できないときに工業労働者についてのべるさいには、つねに自由党の人びとの証言を優先的にとりあげ、自由党のブルジョア

ジーを彼ら自身の証言でやっつけようとしたのである」（上・二〇ページ）

若きエンゲルスは、ブルジョアジーに対する挑戦の言葉をつぎのように投げかけています。

「イギリスにおいてさえ私の書物のようにすべての労働者をあつかった本はまだ一冊もないのだから、ますます誤りの指摘はあるであろう。しかし私は一瞬もためらうことなく、イギリスのブルジョアジーに挑戦する。立場全体にとってなにか重要な意味をもつ事実について、一つでも誤りがあれば指摘してみよ――私が引用したのと同じくらい確実な典拠をもって指摘してみよ」（上・一八ページ）

（3）マルクスとの出会い

エンゲルスがマンチェスターで働き始めた頃は、まだマルクスと知り合ってはいませんでした。エンゲルスは、一八四一年九月からベルリンで一年間の兵役についていた時に、「青年ヘーゲル派」とよばれるヘーゲル哲学を学ぶグループのメンバーと知り合い、マルクスの魅力について聞かされていました。この頃からマルクスへの憧れをもつようになります。そこで、エンゲルスは、一八四二年一一月、マンチェスターに向かう途中、ドイツのケルンで「ライン新聞」の編集にたずさわっていたマルクスに会うために、編集局を訪ねたのですが、この時はあいさつ程度で終わりました。

マルクスはそれから一七年後、『経済学批判』への序言（一八五九年）の中で、マルクスからみたエンゲルスと知り合ったきっかけを語っています。

「フリードリヒ・エンゲルスと私は、経済的諸カテゴリーを批判した彼の天才的概説が（『独仏年誌』に）現われて以来、絶えず手紙で思想の交流を行なってきた」（古典選書『「経済学批判」への序言・序説』新日本出版社　二〇〇一年　一六ページ）と書いています。

「天才的概説」とは、若きエンゲルスが執筆した「国民経済学批判大綱」のことです。この論文は、マルクスがパリで編集にたずさわっていた『独仏年誌』創刊号（一八四四年二月）に掲載されたものです。マルクスはその頃、経済学研究の必要性を自覚していましたが、まだ本格的に足を踏みだしていませんでした。まさにそこへエンゲルスの論文を受け取り、その先駆性に衝撃を受け、経済学の本格的研究を開始しました。このときから二人の文通が始まります。

エンゲルス、『状態』の執筆へ

エンゲルスはマンチェスターでの仕事を終え、一八四四年八月末に、故郷に帰る途中に、パリにいるマルクスを訪ねます。この時、二人は一〇日間一緒に過ごしますが、本当に楽しい時間だったようです。エンゲルスは、「君のもとで過ごした一〇日間ほど愉快に人間らしい気持になったことは、その後一度もない」（一八四四年一〇月上旬、全集㉗八ページ）とマルクスへの手紙に喜びをあらわしています。そして、「理論上のあらゆる分野でわれわれの意見が完全に一致していること」

（エンゲルス「共産主義者同盟の歴史によせて」　一八八五年　全集㉑二一六ページ）を確認しあい、二人の生涯をつらぬく共同活動の出発点になりました。

故郷のバルメンにもどったエンゲルスは、『状態』の執筆を始めます。

「僕は耳の上までイギリスの新聞や本のなかに埋まっている。これらのものによって、イギリスのプロレタリアの状態に関する僕の著書をまとめるわけです。最も困難な仕事、材料の整理は、この一、二週間ですませたので、一月の中旬か下旬までにはでき上がると思う。イギリス人にみごとな罪状目録を作ってやるつもりです。イギリスのブルジョアジーの殺人や強盗やその他ありとあらゆる大量の罪業を全世界に向かって告発し、それにつける英語の序文を書いてそれを別刷にさせ、イギリスの政党幹部や文筆家や議員たちに送ってやろう。あいつらに思い知らせてやるのです」（エンゲルスからマルクスへ　一八四四年一一月一九日　全集㉗九～一〇ページ）

しかし、バルメンの生活のなかでエンゲルスの苦悩が深まります。

「商売はあまりにも不快だ。バルメンも不快だし、時間の浪費も不快だ。そして、格別いやなのは、ただ単にブルジョアであるだけではなく、そのうえに工場主であり、実際にプロレタリアートに面と向かっているブルジョアであるということだ。おやじの工場での数日は、僕がいくらか忘れていたこの不快さを再び目の前に持ってくるという結果になった」（エンゲルスからマルクスへ　一八四五年一月二〇日　全集㉗一八ページ）

エンゲルスは、一八四五年三月には『状態』の原稿を書き上げて、出版社に送ります。その後、エンゲルスは家を出てマルクスと合流、二人はベルギーのブリュッセルを活動の拠点にします。

そして『状態』は五月に発売されます。マルクスは、『状態』を読んで大変な刺激を受けます。「彼〔エンゲルス――引用者〕は別の道筋を経て（彼の『イギリスにおける労働者階級の状態』を参照）、私と同じ結論に到達していた」（古典選書『「経済学批判」への序言・序説』新日本出版社　一六ページ）と感嘆します。

マルクスは、ヘーゲル哲学を総括する中で、「解放の頭脳は哲学であり、それの心臓はプロレタリアート」（「ヘーゲル法哲学批判　序説」全集①四二八ページ）と認識するまでにいたっていましたが、プロレタリアートの生活の実態は十分につかんでいませんでした。エンゲルスの『状態』は、イギリスのプロレタリアートの実態を赤裸々に描いたものであり、まさに「別の道筋」で、変革の主力としてのプロレタリアートを描いたことに、マルクスは驚いたことでしょう。

そして、一八四五年から翌年にかけ、二人は科学的社会主義の確立の重要な一段階をなす、「ドイツ・イデオロギー」を共同で書いていきます。

『状態』は、エンゲルスとマルクスが知り合い、まさに科学的社会主義の理論が生み出されようとする時、エンゲルスがこん身の力を込めて書いた文献です。当然、科学的社会主義の理論の到達からみれば限界もありますが、社会変革を志す若き息吹があふれた著書になっています。

第二章　マンチェスターのコレラ流行（一八三二年）

イギリスでの第一次コレラ流行（一八三一〜三二年）について、エンゲルスは、『状態』で、かなり丁寧にふれています。この問題を中心に、『状態』をたどってみます。

エンゲルスは、『状態』の「大都市」の章では、イギリスのさまざまな都市をあげて分析しています。本書のテーマでもあるコレラ・パンデミックとの関係では、マンチェスターの一八三二年の感染大流行について詳しい記述があります。そこで、マンチェスターに絞って、掘り下げます。

（1）コレラ伝播直前、備えるマンチェスター

最初のコレラ・パンデミックは一八一七年にインドで発生しましたが、ヨーロッパに伝播《でんぱ》するのは、第二次世界的大流行の一八三〇年代です。

一八三〇年にはロシアで感染が広がり、ポーランドにも移ります。イギリス政府にも緊張が走り、一八三一年六月には、中央保健委員会が設立されます。枢密院に予防、治療について助言した

り、各地の保健委員会に指示をあたえることになります。

一八三一年、ドイツのベルリンで流行し、マルクス、エンゲルスに影響をあたえた、哲学者ヘーゲルがコレラに感染します。一一月一〇日に大学での講義をおこないましたが、一三日に嘔吐で倒れて意識を失い、一四日に亡くなります。(3) 六一歳でした。このため、マルクス、エンゲルスは、ベルリンで学問を深め、ヘーゲル哲学を学びますが、ヘーゲルに直接会うことはかなわなくなったのです。

一八三一年一〇月、ドイツのハンブルクまで感染が広がりました。船でイギリスの港まで三六時間のところです。イギリスでの緊張はさらに高まり、マンチェスターでも特別保健委員会が設立され、一一月一〇日に初めて会合が開かれます。

マンチェスターの特別保健委員会の議事録が公開されています。一八三一年一一月〜三三年一月の間に、委員会が一九二回開かれています。感染が爆発的に広がったときは連日のように開催しています。これを読むことで、エンゲルスが『状態』(4) で感染の実態について何をつかんでいたのか、よくわかるようになりました。このあと議事録や当時の医師の記録などをもとに、マンチェスターでのコレラ感染の様子をお伝えします。

特別保健委員会の委員はマンチェスターのエリート（医師、牧師、軍人、判事など）たち二〇人ほどが担いますが、メンバーが恐れたのは、コレラが貧困層を襲い、そこから中流階級と上流階級に伝播することでした。そこでマンチェスターを一四地区に分割し、家屋や通りの状態の調査を開始

マンチェスターとその郊外の図

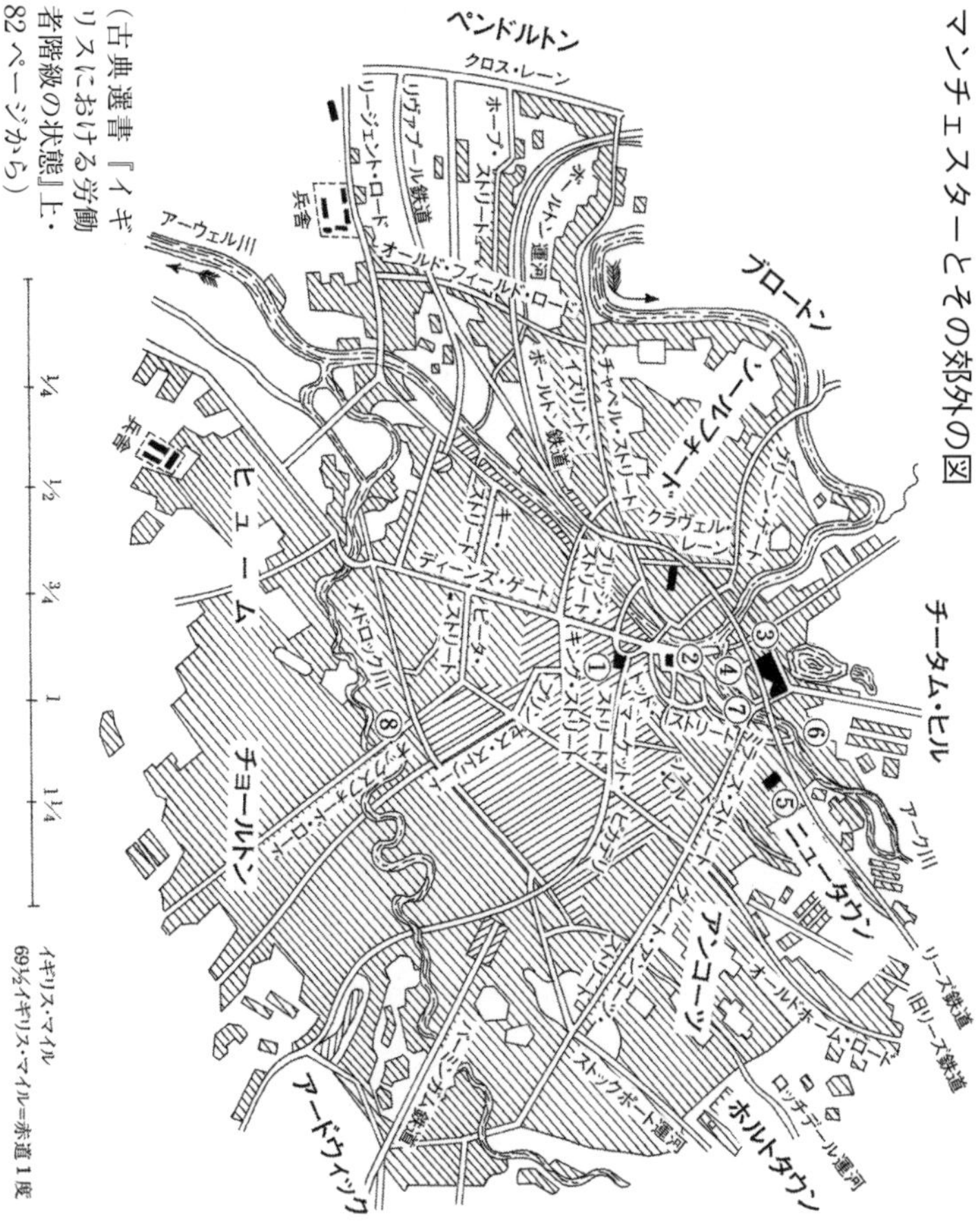

イギリス・マイル
69½イギリス・マイル＝赤道1度

（古典選書『イギリスにおける労働者階級の状態』上・82ページから）

①取引所
②オールド・チャーチ
③貧民作業施設
④リヴァプール鉄道駅とリーズ鉄道駅のあいだの貧民墓地
⑤セント・マイケル教会
⑥アーク川にかかるスコットランド・ブリッジ。②から⑥への道がロング・ミルゲート
⑦アーク川にかかるデューシ・ブリッジ
⑧リトル・アイルランド

商業地区は、区別するため、左から右へ下がる斜線でしめされている。

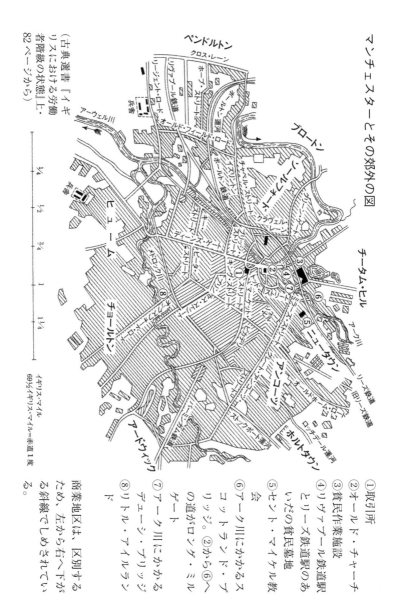

します。

「伝染病の危険が迫ったとき、この町のブルジョアジーは共通の恐怖におそわれた。とつぜん、貧民の不健康な住居のことを思いだし、これらの貧民街がすべて流行病の中心となり、そこからあらゆる方向に荒廃がひろがり、ついには有産階級のところにまでおよぶのは確実と考え、恐れおののいた。すぐに衛生委員会が任命され、これらの地区を調査し、その状態について詳しく報告させることとした」（上・一〇七ページ）

コレラは階級を選ばず襲います。それだけに支配階級の側も「恐怖におそわれ」、「貧民の不健康な住居」の実態をつかむなどの対策がはじまりました。

エンゲルスは『状態』で、その委員の一人、ジェームズ・フィリップス・ケイ医師（一八四二年に結婚、ケイ＝シャトルワース姓に）の報告をもとに、この調査について詳しく紹介しています。

六九五一戸を検査し、「二五六五戸は室内の生石灰塗りを緊急に必要としており、九六〇戸は必要な修理がなされておらず、九三九戸には十分な排水口がなく、一四三五戸は湿気が多く、四五二戸は通風が悪く、二二二一戸はトイレがなかった」（同前）（表1）との結果でした。

検査をした街路は六八七で、「二四八は舗装されておらず、五三はただ部分的にしか舗装されてなく、一一二は通風が悪く、三五二にはよどんだ水たまりと汚物やごみなどの山があった」（同前）としています（表2）。

しかし、実際には「コレラが来襲する前に清掃することは、まったく不可能」（同前）でした。

消毒したところも、「二、三ヵ月後にはもとの不潔な状態が再現」(上・一〇八ページ) されました。

またコレラ病院の開設も準備され、なかなか住民の理解を得られず苦労しましたが、二つ開設されます。

予防措置として住民に推奨したのは、居住地の清潔、風通しのいい状態、汚物やごみを取り除くこと、一つの部屋に人を混雑させない、快適な衣服と充実した食べ物の調達、酒を控える、病人との不必要なコミュニケーションをとらないことなどです。

表1　マンチェスターの住宅検査の結果

検査・報告の内容	件数
検査した家屋の総数	6951
生石灰塗りを必要とすると報告された家屋	2565
修理が必要と報告された家屋	960
排水口の修理を望んでいたと報告された家屋	939
湿った家屋	1435
換気が悪いと報告された家屋	452
トイレがない家屋	2221

表2　マンチェスターの街路検査の結果

検査・報告の内容	件数
検査した通りの総数	687
未舗装の通り	248
部分的な舗装の通り	53
風通しが不良な通り	112
ゴミの山、水たまり、汚物などがある通り	352

出所）表1、2ともジェイムズ・フィリップス・ケイ著『マンチェスターの綿工業に雇用されている労働者階級の道徳的肉体的状態』(1832年) の表をもとに作成

イギリス・サンダーランドで初のコレラ死亡者

コレラは、まずイギリスの北海に面した港町サンダーランドに上陸しました。実は、すでに一八三一年八月の段階でコレラの疑いのある患者が発見されていました。近くの駐屯

地の軍医は、インドでの治療体験があり、この患者をコレラだと断定していたのですが、地元の医師はそれを認めようとしなかった事例です。その後しばらく患者があらわれませんでしたが、一〇月にコレラに間違いないとみられる患者が発見されます。一〇月二六日に六〇歳の石炭運搬船の船員が死亡し、イギリス最初のコレラ死亡者として認定されました。

ここまで、世界的流行になったインド風土病を「コレラ」とよんできましたが、ヨーロッパでは「コレラ」という病名は以前からも使われていました。ラテン語表記の「コレラ」(cholera) はギリシャ語の「黄色胆汁体液」(chole) に由来しています。イギリスではこれまで、「コレラ」とよぶものは、八月から九月にかけて流行する、下痢と嘔吐をともない、通常の下痢が悪化したものとみられていました。

マンチェスターの特別保健委員会の議事録を読んでいても、「イングリッシュ・コレラ」や「夏の下痢」と区別するために、大陸からあらたに伝播してきたものを「アジア・コレラ」、「インド・コレラ」、「痙攣《けいれん》性コレラ」、「悪性コレラ」とよんでいます。ただし、流行がすすむと、「コレラ」としか記述されなくなっています。本書では、「コレラ」との表記ですすめていきます。

サンダーランドでは、コレラの判断をめぐって、もめ事がおきます。住民の間から通常の消化不良にすぎないものを、サンダーランドの保健委員会が、中央保健委員会に「インド・コレラ」の侵入と誤って報告したと非難する場面がありました。検疫などの強化で港の交易活動がとまってしまうことを恐れていたのです。

サンダーランドのコレラ流行は、すぐには公表されず、マンチェスターでは一一月中旬になって、地元の新聞「マンチェスター・ガーディアン」（一一月一二日付）で報道されます。一二月の同紙の記事では、サンダーランドのアイルランド人浮浪者がコレラを蔓延《まんえん》させていると、不安をかきたてていました。

サンダーランドから石炭が全国に送られており、沿岸、川、運河などを通じて、コレラが拡散していきます。ロンドンでも一八三二年二月八日に、コレラの発生が公式に確認されました。四八歳の港湾労働者です。ロンドンに到達するに及んで、議会も法律をつくり、各地の保健委員会がコレラ対策のための資金をひきだすことを可能にしました。

（2）マンチェスターにコレラ到来

一八三二年五月、ついにマンチェスターでもコレラ患者が発生します。五月一七日、二九歳の画家ジェームズ・パルフリーマンが吐き気におそわれ、主治医に訴えますが、一九日には亡くなりました。

そして、感染がマンチェスター中に広がり、八月にピークを迎えます。三三年一月までの記録では一三二五人の症例があり、そのうち七〇六人が死亡したとあります。やはり、貧民街を中心に感染は広がっています。

ヘンリー・ゴールター医師は、マンチェスターの最初のコレラ患者三〇〇人を調査し、二〇〇〇人の記録を残しています。[5] 貧しい人々、労働者階級での感染拡大が起き、中には、この病気で労働者階級が一掃されるのではないかという心配まで広がっていたといいます。そして、発症から早くて一日、二日目、三日目には亡くなってしまう、急速で致命的であることが証明されたといいます。

コレラで死亡すると、墓は九フィート以上の深さに掘り、遺体は三ポンドの石灰を入れた鉛の棺《ひつぎ》に囲まれていることが条件になっていました。

急激な大量の死者の埋葬の対応も困難でした。マンチェスターでは、教会の墓地と、主に貧しい人々など公共の埋葬のためウォーカーズ・クロフト墓地が利用されました。この墓は、『状態』で書かれている「貧民墓地」（上・八八ページ）のことです。「貧民墓地」は、本書二九ページに掲載されているマンチェスターの地図の④で示されています。

かつての「貧民墓地」の上に立つ現在のヴィクトリア駅

一八四〇年代に、この墓の上に鉄道のヴィクトリア駅舎が建ちました。エンゲルスは、このことにふれ、墓への乱暴な扱いに怒りを示しています。

「マンチェスターでは貧民墓地はアーク川対岸の旧市街にあり、同じように荒れはてたでこぼこの場所である。二年ほど前に鉄道がここをとおってつくられた。もしこれがもっと高級な墓地であれば、ブルジョアジーや聖職者は神聖な場所を汚すといってどれほど騒いだことであろうか！　しかしそれは貧民墓地であり、受救貧民と余計者の安息の地であって、だからまったく遠慮なくやれたのである。（中略）私はここではっきりとさらしだされた胸のむかつくような残虐さを、これ以上詳しくのべる気はない」（下・一五〇～一五一ページ）

最近でも駅の再開発のたびに、当時の遺体が発見[6]されています（写真）。

民衆の恐怖――「コレラ暴動」おこる

一八三二年九月には、「コレラ暴動」といわれる事件が発生します。ジョン・ブローガンという四歳の子ども（三歳という文献もある）が、八月三一日にコレラを発症、病院に到着してから四時間後に亡くなります。九月二日の日曜日に、彼の遺体が貧民墓地に埋葬されようとしますが、棺桶《かんおけ》のふたに名前が書かれていないことに不信をもった祖父が、ふたをあけてみると、なんと孫の頭がなく、かわりにわらに包まれたレンガがありました。葬儀の参列者は怒り、「病院を燃やせ」と叫び病院に向かいはじめます。そして一〇〇〇人とも三〇〇〇人ともいわれる群衆にふくらみ、スワンストリートにあるコレラ病院を破壊します。ついに軍隊が出動して鎮圧されました。[7]

真相は、一九歳の医学生が、遺体を売って資金にしようと、頭を切り離していたのです。

イギリスでは、当時、外科医が解剖のための遺体をもとめ、そのための墓の盗掘や闇の売買があったことは、ウェンディ・ムーア『解剖医ジョン・ハンターの数奇な生涯』（河出文庫　二〇一三年）を読んで知りました。この本をもとにしたマンガ『解剖医ハンター』1～3（吉川良太郎原作・黒釜ナオ作画　徳間書店　二〇〇九～一二年）も興味深く読みました。

コレラに関わる暴動は、イギリスでも世界各地でもおこっています。マンチェスターの事件は、イングランド最悪の「コレラ暴動」の一つとされています。日本では明治期に、「コレラ騒動」と呼ばれる事件がおきます。「毒をまいた」などの流言が生まれ、患者や遺体の対応にあたっていた医師や巡査が怪しいと、住民から不審に思われ襲われました(8)。

当時、「毒物散布説」が各地で流布され、その最大の下手人として疑われたのは医師でした。そして、イギリスでは、今までになかった健康調査や人口調査がはじまり、医師をはじめ上流階級が、増えすぎた労働者を「間引く」ために調査、毒殺しているという説も生まれていました。また、コレラの治療法が確立していなかったので、医師は血液を排出したり、アヘンを投与したりするなど、患者に実験的な治療を施していました。コレラ患者は、中流階級は自宅で治療を受けられましたが、貧困層や労働者階級は自分の意に反してコレラ病院に入院させられたので、医師にたいする敵対的な態度も生まれていました。

またコレラで死亡すると、二四時間以内に埋葬され、家族との最後の別れの時間を十分にとることもできず、医療者の都合のいいように、解剖にまわされるのではないかとの疑念がもたれていました。マンチェスターでも二つの医学校が、解剖のための遺体をめぐって競いあっていました。各地で遺体の売買のための墓泥棒も増えていたので、一八三二年夏には解剖学法が成立し、病院、刑務所、救貧院で死亡した場合、引き取りが請求されない死体の解剖が合法化されました。解剖への疑念はますます強まっていたのです。

マンチェスターの「コレラ暴動」は、コレラへの恐怖と不安がピークを迎えるころに、こうした状況を背景として、遺体への信じられない乱暴な扱いが露見し、大きな事件になったのです。

第三章　『状態』にみるコレラ・パンデミック

コレラに襲われたマンチェスターの状況を『状態』に即して見ていきます。『状態』の「大都市」の章で、マンチェスターの住宅事情などの衛生問題が詳細に描かれ、コレラの感染の様子がわかります。エンゲルスは、「私がこの町を自分の故郷と同じくらいよく――たいていの住民よりもよく――知っているので、ここにいくらか長くとどまらなければならない」（上・七六〜七七ページ）として、古典選書では、上巻の七六ページから一二〇ページまでの四〇ページ以上がマンチェスターの描写にあてられています。

（1）工業都市の劣悪な居住環境

エンゲルスは、産業革命によって、プロレタリアートも発展し、イギリスにおいてのみ、その生活状態のすべてにおいて研究できるといいます。

「イギリスの労働者階級の歴史は、前世紀の後半に、蒸気機関と綿花を加工する機械との発明とともにはじまる。これらの発明から、よく知られているように産業革命へつきすすんでいくことになるのだが、この革命は同時に全ブルジョア社会を変革したのであり、その世界史的意義はいまようやく認識されはじめたばかりである」、「イギリスは、この変革のもっとも重要な結果であるプロレタリアの発展にとっても古典的な国なのである。プロレタリアートは、イギリスにおいてのみ、その生活状態のすべてにおいて、あらゆる角度から、研究することができる」（上・二一ページ）

産業革命によって工業都市がこつぜんと発生

産業革命を経て、巨大な工業都市が、「魔法の杖《つえ》」をひとふりして突然にあらわれたように姿をみせます。

「きわめて多くの工業都市を、まるで魔法の杖をひとふりして大地から呼びだしたかのように、こつぜんとして発生させた」（上・三〇ページ）

ロンドンの人口は二五〇万人、マンチェスターも四〇万人を数えます。マンチェスターは、「イギリス工業の出発点であるとともに、その中心」（上・七六ページ）です。綿工業がいち早く発展し、一八三〇年には世界初の鉄道（マンチェスター──リバプール間）も開通しました。

この巨大な工業都市の突然の出現は、人間に何をもたらすのでしょうか。

エンゲルスは、大都市では「工業と商業がもっとも完全に発展する」（上・四八ページ）といいますが、同時に、「一人が富めば、九九人は破産し、この九九人のうち半分以上は破産をくりかえして生活しているだけである」（上・四九ページ）といいます。「都市の圧倒的多数はプロレタリアである。そして彼らがどういう境遇にあるのか、大都市は彼らにどんな影響を与えているのかということを、われわれはいまから研究することにしよう」（上・四九ページ）と問題意識を示します。

「社会が労働者にたいして、その労働の報酬として住宅、衣服、食物の形でどれだけの賃金を与えているのか、社会の存在にもっとも貢献している人びとに、どんな生活をかなえているのかを見てみよう」（上・五四ページ）と衣食住への視点も示しているところが、大切な点だと思います。エンゲルスは、「大都市」の章では、住宅の分析からはじめていますが、これが大半を占めています。エンゲルスは、マンチェスターの街づくりについて、次のように指摘しています。

「上流中流のブルジョアジー」は、労働者地区から少し離れた「立派な、快適な住宅に住んでいる」、「これらの富裕な貨幣貴族たちは、いちばん近道をして全労働者地区の真ん中をとおって市の中心部にある自分の事務所へいきながら、左右に見られるはずの、もっとも不潔な困窮状態の近くをとおっていることに気づかずにすむのである」（上・八三ページ）といいます。

「組織的に労働者階級が大通りからひきはなされ、ブルジョアジーの目と神経を傷つけるおそれのあるものをすべて、こんなに思いやり深くおおい隠しているところを、マンチェスター以外のどこにおいても見たことがない」（上・八四ページ）

マンチェスターでは、ブルジョアジーと労働者階級が見事に住みわけていたのです。

貧民街──「地上の地獄の恐るべき状態」

マンチェスターの労働者地区はどうなっているのでしょうか。

エンゲルスは、「どの大都市にも労働者階級が密集している『貧民街』が一つか、あるいはそれ以上、ある」（上・五五ページ）といいます。そして、マンチェスターにある「貧民街」をリアルに紹介していきます。エンゲルスが、歩いてまわりながら住居の様子をもっとも克明に紹介しているのが、二万人ないし三万人が住んでいた旧市街です。『状態』・上では八五ページから九四ページにわたって描かれています。

その中でも最初に紹介している地域は、『状態』で唯一、地図（上・八六ページ）を掲載して説明しています。

「隠しようもない労働者街で、（中略）家々が無秩序に、あらゆる合理的な建築街を嘲笑するかのようにごたごたと建てられ、それらの家がここで文字どおりぎゅうづめになっているありさまは、想像を絶している」、「混乱は比較的最近になって頂点にたっしたのである。（中略）すこしでも空き地があればあとから増築や改築がおこなわれ、ついには家と家とのあいだには、もう家を建ててふさぐような場所は一インチも残らなくなったからである」（上・八六ページ）

エンゲルスは、この場所から少し離れた囲い地に、「これまで私が見たうちで文句なしにもっともひどい住宅がある」（上・八七ページ）といいます。

「ドアのない、非常に不潔なトイレがあり、そこに住んでいる人は、そのまわりの腐敗した大小便のよどんだ水たまりをとおらなければ、囲い地にはいることも出ることもできない」（上・八七ページ）

アーク川沿いには同様の囲い地がならび、アレンズ・コートといわれる場所は、「コレラが流行したときには、衛生検査官が住民を全部追いだし、掃除をして、塩素でいぶして〔さらし粉をまいて〕消毒したほどであった」（上・八七ページ）。

これらの地域は、「いたるところに瓦礫《がれき》の山と廃棄物と汚物がある。下水の代わりによどんだ水たまりがあり、その臭気だけでも、いくらかでも文明化した人間なら、こういうところには住むに耐えないほどである」（上・八九ページ）といいます。

排水問題は都市化にともなう基本的課題でした。下水道の欠如が、貧民地区をいっそう劣悪な状態におきました。トイレは、共同で使えるものがわずかしかなく、室内便器を使う場合でも、後で汚物を下水溜《だ》めに捨てるのですが、多くがあふれたままになっていて、そこで道路や川に捨ててしまうのです。

川は、「狭くて、まっ黒で、臭い川で、汚物や廃棄物でいっぱいになっており、（中略）吐き気をもよおすような黒緑色のぬかるみが生じ、その底の方から絶えず有毒のガスがたちのぼっていて、水面から四〇ないし五〇フィートの高さにある橋の上でも耐えられないほどのにおいを発生させている」（上・八八ページ）といいます。

とにかくいたるところ耐えがたい臭いに悩まされたことが伝わってきます。

さらにエンゲルスが旧市街をくまなく歩いて、様子を伝えています。

「もう十分だ！　アーク川の両岸は全部こういうふうにつくられているのだ」（上・九〇ページ）といい、また、「やや新しい地区にはいる。ここは少なくともいくらか秩序だっている」（上・九一ページ）が、「道路にごみや瓦礫と灰の山や水たまりがあることは両方の地域に共通している」（上・九二ページ）といいます。そして囲い地には豚小屋があり、汚物処理がされないまま人と一緒に暮らし、腐敗臭がひどい様子がでてきます。

エンゲルスは、旧市街の特徴をまとめています。

「こういう地域がイギリスの第二の都市、世界第一の工場都市の中心に存在するのだ！　もし万一の場合、人間が身体を動かすのに最低どれだけの空間があればよいか、また呼吸するのに最低どれだけの空気――そしてなんとひどい空気だろう！――があればよいか、最低どれだけの文明で人間は生存できるのか、ということを知りたいと思ったら、ここへ来さえすればよい。もちろんそれは旧市街のことである――そしてこの土地の人びとは、この地上の地獄の恐るべき状態について話しかけられると、それは旧市街のことだといって気休めにしている――しかしそれがなにになるのか？　ここでわれわれの嫌悪とわれわれの憤慨をもっともはげしくかきたてるものは、すべて比較的最近生じたものであり、工業時代のものである」（上・九二～九三ページ）

こうした貧民街が、現在どうなっているのか、『状態』上・八六ページの地図の場所を訪ねてみ

かつての貧民街は、サッカー博物館がある公園になっています

ました。国立サッカー博物館が建ち、そのまわりは芝生におおわれた市民のいこいの公園になっていました（写真）。『状態』を書いたころの面影はいっさいありませんでした。

リトル・アイルランド――コレラをまぬがれない

エンゲルスは、「もっともひどいところ」（上・一〇一ページ）として、「リトル・アイルランド」とよばれるアイルランド人街を説明しています。

最貧困層の労働者としてアイルランド人が、工業都市に送り込まれてきます。

「イングランドの工業の急速な発展は、もしイングランドが自由に使える予備軍として、アイルランドの多数の貧しい人口をもっていなかったならば、おこりえなかったであろう」、「彼らはほとんどすべて工業地帯に、とくに大都市へおしよせ、そこで人口の最下層階級を形成している」（上・一四二ページ）

こうしてアイルランド人が集中する貧民街が各地につくられるようになりました。マンチェスターでは、「リトル・アイルランド」とよばれるアイルランド人が多数住む地域に、約二〇〇戸の小屋に四〇〇〇人が住んでいました。

マンチェスターの特別保健委員会が立ち上がったときに、まっさきに話題になったのは、リトル・アイルランドが貧困で不衛生が際立っている地域なので、ここからコレラがはやるのではないかと心配したのです。そしてリトル・アイルランドに対応するための特別小委員会も結成されました。実際に、マンチェスターで、三番目と四番目のコレラの犠牲になったのが、リトル・アイルランドに住む、五歳の子どもと三六歳の母親でした。

「小屋は古く、不潔」、「道路は平らでなく、でこぼこで、一部は舗装してなく、下水溝もない。おびただしい汚物、ごみ、吐き気をもよおすような糞便が、よどんだ水たまりのあいだに、いたるところにちらばっており、そこから発散する悪臭が空気中にたちこめ、一ダースもの工場の煙突からでる煙によって空気はくもり、重苦しくなっている」、「アーク川沿いの最悪の囲い地もおよばないほど不快で、汚らしい光景をしめしているのである」(上・一〇一〜一〇二ページ)とエンゲルスはリトル・アイルランドを表しています。

さらにエンゲルスは、工場主たちによって称賛され、自主的な労働運動の熱狂的な反対者シーニア氏(注)ですら、リトル・アイルランドの惨状に驚いて、工場法に反対するパンフレットのなかで、次のような文書を書いていることを紹介しています。
(注) **ナッソー・ウィリアム・シーニア** (一七九〇―一八六四) イギリスの経済学者、オックス

フォード大学教授。マンチェスターの工場主たちから依頼されて、一〇時間労働法の制定に反対するパンフレットを執筆しました。そのなかで一日の労働日のうち、「最後の一時間」が利潤の源泉になると主張。これに対してマルクスは『資本論』のなかで一節をもうけて批判しています。（第一部第三篇第七章第三節「シーニアの『最後の一時間』」）。

「私〔シーニア氏――引用者〕がアイルランド人の町であるアンコーツとリトル・アイルランドの工場労働者の住居をとおっていったとき、このような住居でまずまずの健康を維持することができるということに、おどろくほかなかった」、「この街路ではコレラをまぬかれた家は一軒もなかった。そして一般に、これらの郊外の道路は舗装されておらず、まんなかに糞の山や水たまりがあり、家はうしろ壁を共通にして建てられ、通風や排水の設備もない。家族はみんな地下室か屋根裏部屋の片すみにおしこまれている」（上・一〇六～一〇七ページ）

エンゲルスは、当局が劣悪な場所を放置したままであることへ怒りをしめします。

「せいぜい二つの部屋と屋根裏部屋と、おそらく地下室が一つあるにすぎないこれらの家に、平均して二〇人の人が住んでおり、この地域全体の約一二〇人にたいして、たった一つの――当然たいていは使えない――トイレしかなく、そして医者がしきりに説教したにもかかわらず、またコレラが流行したときに衛生当局がリトル・アイルランドの状態について大騒ぎしたにもかかわらず、西暦一八四四年の今日でも一八三一年とほとんど同じ状態にあるということを聞くと

き、いったいなんといったらよいのだろうか?」(上・一〇二ページ)
リトル・アイルランドは、一八二七年にアイルランド移民が集まり始め、一八四七年には鉄道の整備などのため、多くの建物はとりこわされました。歴史のなかで二〇年間存在した街の名ですが、エンゲルスが『状態』で紹介したことにより、多くの人に知られる名前となりました(写真)。

かつてリトル・アイルランドがあった地域の現在の様子。当時パブだった建物(右)と鉄道の高架(左)

労働者住宅の特徴

エンゲルスは、その他、新市街・アンコーツ、ヒューム、ソールフォード(サルフォード)などの労働者地区を紹介しています。

エンゲルスは、労働者住宅の特徴を説明しています。まずは、囲い地です。古典選書には図も掲載されています。「個々の住居のあいだの不規則な形の空き地は、ほかに呼び名もないので囲い地(courts)と呼ばれている」(上・九五ページ)といっています。「まったく無計画な建て方だけでも、風とおしが妨げられて住民の健康に有害なのに、四方を建物でとりかこまれた囲い地に労働者をとじこめるこういうやり方は、もっともっと悪い。ここでは空気はまったく外へ出られない」（同前）と、エンゲルスはこうした住宅の建築のあり方に否定的でした。

続けて、新しいタイプの労働者住宅を紹介しています。三列の集合住宅を並べているところ（上・九六ページに図）は、風とおしのいい部屋は家賃が高く、悪い部屋は安いという、格差がついています。他の都市と比較してマンチェスターでひんぱんにみられるタイプです。

アンコーツでは、新設の労働者街がありますが、「よく見てみると、これらの小屋の壁は可能なかぎりうすくつくられているということに気づく」（上・九八ページ）といい、つまり新しく見えるが劣悪なつくりになっており、修理に金をかけていないので、すぐにぼろぼろになるというのです。なぜ、労働者はこうした荒れた小屋に住むことになるのか。エンゲルスは労働者が高い家賃を払えないだけでなく、「これらの小屋が工場主のもので、労働者はこの住居にはいらなければ雇ってもらえないためである」（上・一〇〇ページ）と指摘しています。

この劣悪な住居を、コレラが集中的に襲うことを衛生当局も予測できましたが、効果的な対策はうちませんでした。

「伝染病（注）の恐れがあると、それ以外のときはきわめて動きの鈍い衛生当局の良心もすこしゆり動かされ、労働者地域を巡回し、たとえばオールダム・ロード近くの多くの路地でやったように、地下室と小屋をすべて閉鎖するのである。しかしこれは長つづきせず、住民が追いだされた住居にも、ふたたび、すぐに借り手があらわれる。そして家主がまた借り手をさがすときには、彼は以前よりも有利な立場にたつ——衛生当局がそんなにすぐ、またくることはない、ということを知っているのだ！」（上・一〇〇ページ）

（注）**伝染病**　「感染症」は病原微生物が原因で起こる病気をさし、「感染症」のうちで生物から生物へとうつるものを「伝染病」と呼びます。一九九九年に施行された「感染症法」によって「伝染病予防法」（一八九七年）が廃止され、「伝染病」の文言は「感染症」に変更されました。現在、法律上での「伝染病」は主に家畜の伝染病を指しています。こうした変化もあり、最近では、「感染症」が一般的に使われるようになっています。マルクス、エンゲルスが本書で紹介する文献を書いた時期は、コレラなどの感染症の仕組みが解明されていないので、邦訳では「感染症」という言葉は使っていません。彼らが、「伝染病（ansteckender krankheiten, epidemischer krankheiten）」と呼んでいるところは、今日では「感染症」に置き換えて読んでもいいと思います。

コレラ感染との関連でさらに紹介されているのは、旧市街の南側に位置する、マンチェスター第二の大きな労働者街です。

コレラの感染がマンチェスターに近づいていた「一八三一年に衛生当局が手入れをおこなったが、そのとき、この地域は、アーク川沿いやリトル・アイルランドと同じぐらい不潔だということが分かった（いまでもそれはあまり改善されていないことを、私は証明することができる）、そして、とりわけ、パーラメント・ストリートでは三八〇人にたいして、パーラメント・パッセージでは三〇戸の多人数家庭にたいして、たった一つのトイレしかないことが分かったのである」（上・一〇三〜一〇四ページ）といっています。

そして、エンゲルスは労働者地域の特徴をつぎのように整理しています。

「マンチェスターとその郊外の三五万の労働者は、ほとんどすべて、劣悪な、じめじめした、不潔な小屋に住んでおり、それらのある街路はたいてい、もっともひどい、不潔な状態にあり、風とおしのことはまったく考慮せず、ただ建築主のふところに流れこむ利潤だけを念頭において つくられている——一言でいえば、マンチェスターの労働者住居では、清潔さも快適さも、したがってまた家庭らしさもまったく不可能であり、これらの住居では、人間性を失い、堕落し、知的にも道徳的にも獣になりさがった肉体的にも病的な人種だけが気持よく、くつろぐことができるのである」（上・一〇六ページ）

地下室に二万人が暮らす

労働者地区が貧困で不衛生なことが見えてきたと思います。『状態』を読んでいて、とくに印象的なのは、地下室に多くの人が暮らしていることです。マンチェスターの労働者地域では、「地下室住宅が一般的である。なんとかやれそうなところならどこでも、こういう地下の穴ぐらがつくられ、住民のきわめて多くのものがそこに住んでいる」（上・七七ページ）といいます。

地下室に暮らすのは、どのくらいの規模だったのでしょう。エンゲルスは、マンチェスターで地下室に生活する人が、二万人いて、労働者数の一二％に等しい規模とのギャスケル医師の推計を紹介しています。エンゲルスもマンチェスターと周辺都市をあわせ、「四万人から五万人をくだらないであろう」（上・一〇九ページ）と推測していました。こうした「不潔で、じめじめした汚い地下室住居」（上・九四ページ）は、健康に深刻な影響をおよぼしました。

これまでみた、リトル・アイルランドやアンコーツの記述の中でも、地下室の劣悪さが指摘され、コレラ感染に襲われていると指摘されています。他の地下室の記述を見ておきましょう。

「この地区〔リトル・アイルランド――引用者〕の家はすべて、地下室だけでなく、一階でさえもしめっぽく、また以前はいくつかの地下室は土で埋められていたが、しだいに土がとりのぞかれ、いまはアイルランド人が住んでいる――ある地下室では水が――地下室の床が川より低いので――粘土でふさいだ穴から絶えず湧きだしてくるので、そこに住んでいる手織工は毎朝地下室から水を汲みだし、それを道路にまかなければならない！」（上・一〇二ページ）

「一室しかないじめじめした地下室に、一家族以上が住んでいて、その悪臭をはなつ空気のなかに、一二人から一六人もの人間がつめこまれていた。これらの、またその他の病原に加えて、さらに豚がそこで飼われており、そのほかにも不快きわまるようないやなこともあった」（上・一〇八ページ）

ここで「不快きわまるようないやなこと」といっているのは、一室にこれだけ混みあっているうえに、「多くの家族は自分たちも一部屋しかもっていないのに、そこに食事つきの下宿人や間借り人をいれて下宿代をとっている」（同前）のです。そうすると一つのベッドに複数の人が寝るような状況で、犯罪や不道徳な事態も生じたわけです。ケイ医師は、コレラが流行する直前の一八三一年の調査では、マンチェスターでこうした下宿屋は二六七軒（同前）と報告しています。劣悪な環境のうえに、さらに人が密集する状況がつくられていたのです。

工業都市はなぜ伝染病に弱いのか

エンゲルスは、「大都市」のまとめとして次のように述べています。

「労働者の住宅は、だいたいにおいて配置が悪く、建て方も悪く、修理もされず、換気も悪く、じめじめして不健康である。居住者はきわめて狭い空間にとじこめられ、たいていの場合、一つの部屋に少なくとも一家族が寝ている。住居内の設備の貧弱さにはいろいろな程度の差があるが、もっともひどいのは必要不可欠の家具さえまったくない。労働者の衣服もやはり平均的に粗末であり、大部分はぼろぼろである。食事も一般に粗末で、しばしばほとんど食べられないようなものである。そして多くの場合、少なくともときどきは量的にも不足しており、極端な場合には餓死することになる」（上・一二〇～一二一ページ）

エンゲルスは、こうした劣悪な住まいと衣服が粗末なうえ、栄養不足によって健康状態が悪いところに、伝染病が襲うのはあたりまえとみていました。

『状態』の「諸結果」という章では、「都市労働者階級の生活状態をかなり詳しく考察してきた」が、「こういう環境のもとで労働者自体はどうなったのか」と問いかけて、労働者の「肉体的、知的、道徳的状態」（上・一四九ページ）を明らかにしています。

「大都市」のまとめと共通しますが、伝染病についてふれているところがあるので、見ておきましょう。

「貧民街の労働者の住宅が、労働者階級のその他の生活状態と結びついて、たくさんの病気をひきおこしている」（上・一五四ページ）といい、結核、チフスなどに触れ、公式の『衛生報告書』によれば、「住居の換気、排水、清潔さの状態が悪いことが直接の原因」（同前）と紹介しています。

エンゲルスは、「労働者が暮らしている環境をふりかえってみれば、その住居がどんなに密集しているか、すみずみまでどんなに人間がつめこまれているか、病人も健康なものも一つの部屋で、一つの寝床でどのように寝ているか、ということを考えてみると、熱病のような伝染病がもっとひろがらないことの方がむしろ不思議であろう」（上・一五七ページ）といっています。

エンゲルスは、熱病などの感染症を研究するアリソン博士も同じ見立てをしていると次のように紹介しています。

「〔アリソン博士は――引用者〕この病気の原因を貧民の窮乏と悲惨な状態にもとめている。彼は、欠乏と生活必需品が不十分にしかみたされていないために、身体が病気にかかりやすくなっており、一般に伝染病がますます恐ろしいものとなって急速にひろがるのだと主張している」

（上・一五七ページ）

エンゲルスは、伝染病流行の根源に貧困問題があるとみていました。かなりの力を割いて、もっとも象徴的な労働者の住む貧民街を告発しているのです。産業革命によって、次々に工業都市が生まれ、そこで大量の労働者が低賃金、長時間労働で働かされ、上下水道が整備されていない急ごしらえの狭く貧しい住居に、人が密集して住み、不衛生、不健康な状態におかれている。コレラはこうした工業都市、そして貧困な環境の不衛生な地域を好んで襲うと認識していました。

コラム　労働者の飲酒癖とコレラ

エンゲルスは、「諸結果」の章で、「労働者の大多数の健康を害している別の影響」（上・一五九ページ）として、飲酒癖をあげています。「ジンは彼らにとってほとんど唯一の楽しみのもと」（同前）で、「仲間がほしいという彼の気持をみたしてくれるのは、ただ酒場だけである」（上・一六〇ページ）といいます。しかし、「大多数の労働者が酒飲みにならざるをえない精神的肉体的な必然性がある」として、「生活の苦しさや圧迫を間違いなく忘れていられる」（同前）ことなどをあげています。「飲酒はその犠牲者の精神と肉体に破壊的な作用をおよぼす。労働者の生活状況から生ずる病気のあらゆる原因は飲酒によって促進される。肺や下腹部の病気も、チフスの発生や流行も飲酒によっておおいにすすめられるのである」（同前）と指摘します。

コレラの感染拡大において、マンチェスターの特別保健委員会も一八三一年一一月に立ち上げた時から、酔っぱらいを警戒し、「酔わせる手段を調達するためにお金を費やすのは避けてください。蒸留酒を完全に控えてください」などを注意事項にあげていました。三二年夏にコレラが大流行すると、「過度の飲酒がコレラの症例数の増加にもっとも大きな影響を与えていると考えられる」（保健委員会、九月八日）と認識し、そして酒場の平日の夜や日曜の営業を規制して感染のまん延を防ぐこと、酩酊《めいてい》は逮捕すべきと、治安判事に命令をくだすように要請しています。

この段階ではコレラの感染の仕組みはわかっていなかったので、酩酊する酔っぱらいが街を徘徊《はいかい》することが感染につながると思われていたのです。コレラの感染メカニズムは今後触れていきますが、コレラ菌に汚染した水を媒介に感染を広げるので、特にジンなどの蒸留酒は比較的価格も安く、水割りで飲むことが多いため、ビールなどの醸造酒と違い感染を広げることにつながりました。エンゲルスが、ジンを大量に飲む階層の健康問題を指摘したことは、コレラ感染と重ねてみると、重要な視点だったと思います。

（2）健康を破壊する工場労働

『状態』は、居住環境と健康問題を考察したあとに、工場労働をつうじて、労働者の健康はどうなるのかを見ています。職業病ともいえる問題です。

工場主は、「労働者を人間とは見ず、『人手（hands)』と見る」（下・一三〇ページ）とあり、儲けのためなら、労働者の健康問題など関心がないことをしめしています。今日、派遣労働の劣悪さとして、雇い主が労働者を「人手」として見て人間として見ないということがよく告発されますが、エンゲルスがすでにこの言葉を使っていることに驚きました。

児童労働で発育障害に

工場労働者といっても、当時は児童労働があたりまえの時代でした。児童労働の実態から見ましょう。
「工場労働者の九歳の子どもは、生活にもこと欠き、不自由をし、境遇も変わりつづけ、湿気と寒さと、衣類や住居も不足がちのなかで成長していく」、「九歳になると子どもは工場へ送られ、一三歳になるまで毎日六時間半（以前は八時間、もっと前は一二ないし一四時間、それどころか一六時間も）働き、一三歳から一八歳までは一二時間働く。身体を衰弱させる原因はつづいており、これに労働が加わる」、「息苦しく、湿気の多い、しばしば蒸し暑い工場の環境のなかにいつづけることは、けっして子どもの健康のためになるものではない」（上・二二四ページ）
こうして子どもたちは健康を害し、「発育障害」（同前）をおこし、平均寿命を縮めてゆきます。

長時間労働は体に悪い

また当時、工場労働に女性がかりだされるようになってきました。「ブルジョアジーの御婦人たちを飾りたてるためのまさにその商品の製造が、それにたずさわっている労働者の健康にたいして悲惨きわまる結果と結びついているというのは、特徴的なことである」（下・三七ページ）として、女性装身具製造工の例が紹介されています。一四歳から二〇歳の女性が、「流行のシーズンには、一流の商店でさえ、労働時間は一日一五時間で、いそぎの仕事があると一八時間になる」。そして、「作業室や同じくまた寝室の湿った空気、かがんだ姿勢、しばしばまずくて消化の悪い食事――これらすべてのことが、とくに長時間労働と戸外の空気にふれられないことが、娘たちの健康にきわめて悲惨な結果をもたらしている」（同前）といいます。

「肺結核がこれら装身具製造女工の短いあわれな生涯を終わらせるのがふつうである。この仕事をかなり早くやめた人の場合でも、身体の健康は永久に破壊されていて、体力は回復しない」（下・三八ページ）

医師もこのような労働環境は、健康を害し、寿命を縮めると指摘しています。

「（児童雇用委員会の）委員から質問をうけた医師たちは全員、これほど健康を害し、早死にをまねくような生活様式は、ほかには見られないと、一致してのべている」（同前）

女性装身具店は、過酷な職場の代表例でした。マルクスの『資本論』第一部第八章の「労働日」の章にも、同様の事例があげられているのが思い出されます。

医師たちの告発

医師たちは、工場労働による健康破壊を指摘しています。

「工場報告のなかで医師たちがほとんど異口同音にのべていること、すなわち、とくに工場労働者にはとつぜんの病気にたいして抵抗力がいちじるしく欠けており、あらゆる生命活動が全体的に沈滞していて、精神的肉体的な力がすべて、いつも弛緩《しかん》しているのが見られたということは、もはや誰も不思議には思わないであろう」（上・二三一ページ）

外科医Ｆ・シャープは、「るいれき、肺病、腸間膜疾患、消化不良の患者が数えきれないほど、私のところへやってきた。私は医師として、これらの病気が工場労働のためにおこったということに、まったく疑いをいだいていない」、「もし農村からたえず人びとがはいってこないとすれば、工場労働者という人種はやがて退化してしまうであろう」（上・二三二ページ）と述べています。

外科医ボーモントは、「工場でおこなわれている労働の制度は、身体全体の組織を特別な仕方で虚弱化させており、そのために子どもたちは伝染病やとつぜんの病気にたいへんかかりやすくなっている。……工場の換気や清潔さについての適切な規定がまったくないということが、私が治療中にしばしば気づいた病気にかかりやすいというあの特別な傾向や、体質の主要な原因であると、私は確信している」（同前）といいます。

医師たちは、労働者が工場労働によって健康が破壊され、伝染病にかかりやすい条件にあることをズバリ指摘しているのです。

第四章　医療の実態とエンゲルス

（1）まともな医療をうけられない労働者階級

当時、健康を害した労働者は、医療とどのようにかかわっていたのでしょうか。
エンゲルスは、労働者階級が、医療を受けられなかった実態を紹介しています。
「肉体的疾患のもう一つの原因は、労働者階級にとっては、病気になったときに熟練した医師の助けをうけられないことである。たしかに多くの慈善施設がこういう欠陥をあらためようとしている。たとえばマンチェスター病院は毎年約二万二〇〇〇人の患者を、一部は入院させ、一部は医師の助言と薬で援助している――しかし、ギャスケル〔マンチェスターの医師――引用者〕の計算では住民の四分の三が毎年医師の助けを必要としている都市で、これだけでどうなるというのだろうか？」（上・一六〇～一六一ページ）
そもそも医療機関の規模が小さく、そして、料金も高いので、労働者階級は、医療を受けに行くことができないのです。

「イギリスの医師は高い料金をとり、労働者はこれを払うことができない。だから彼らはまったくなにもしないか、そうでなければ、長い目で見れば益よりも害の方が多いような、安上がりのもぐりの医師か、いいかげんな薬を使わなければならなくなる。こういうもぐりの医師はイギリスの都市ではどこでも、たくさん活躍していて、広告や張紙や、そのほかの小細工によって、貧しい階級の人びとから患者をあつめている」（上・一六一ページ）

当時のイギリスでは、医師制度が確立しておらず、エンゲルスが「もぐりの医師」とよぶような無免許医師、ニセ医師も存在していました。『状態』が書かれた後になりますが、コレラの流行もあり公衆衛生への関心の高まりのなかで、医療水準の向上、医療制度改革が議論されはじめます。一八五八年に成立した医師法によって、医師免許の全国的統一がはたされ、医師登録制度になり、医師の専門職化が実現します。エンゲルスが「もぐりの医師」といった存在も解決されていきます。(9)

「もぐりの医師」がたくさんいたということに関心を持ったので、ロイ・ポーター『健康売ります　イギリスのニセ医者の話　1660―1850』（みすず書房　一九九三年）を読んでみました。エンゲルスの指摘したニセ医者の実態があることがわかりました。同時に、コレラの前では、「もぐり」でない「熟練した医師」も治療法がわからず無力でした。

またエンゲルスは売薬の問題も指摘します。売薬がたくさん売られ、「これらにはすべて、世界中の病気を全部治すという効能がある」（上・一六一ページ）という売り込みがされています。しかし、「ひんぱんに大量に服用すると、きわめてしばしば身体に害をおよぼすことがある」（同前）と述べ、もっとも有害なものは、アヘンも含まれていると指摘しています。エンゲルスは、「イギリスの労働者は売薬を飲んで自分自身に害を与え、その製造元のポケットへお金を投げこんでいる」（同前）と皮肉っています。

（2）エンゲルスは、最先端の医療者の知見を読み解く

エンゲルスの『状態』を読むと、労働者の健康状態を告発する時に、本当に多くの医師の証言を活用している（六二ページの表）ことに驚かされました。

エンゲルスが、もっとも尊重し活用するのが、ケイ‐シャトルワース（ジェイムズ・フィリップス）（一八〇四—七七）でした。マンチェスターをコレラが襲った一八三二年、マンチェスターで開業していました。このとき特別保健委員会のメンバーになり、労働者の実態調査などで活躍。それをもとにまとめた『マンチェスターの綿工業に雇用されている労働者階級の道徳ならびに肉体的状態』（一八三二年）を公表し、高く評価されました。エンゲルスは、「労働者階級一般を工場労働者階級と混同しているけれども、その他の点ではすぐれている」（上・八八〜八九ページの注）と評価しています。

またマンチェスターの医師のピーター・ギャスケル（？—一八四一）は、「とくに工場制度の、弊

『イギリスにおける労働者階級の状態』に登場する医師、公衆衛生関係者

名前	生没年	人物像	該当箇所（巻、ページ）
アリソン	1790－1859	エジンバラ大学の医学教授	上：65、66、144、156、157
ギャスケル	？　－1841	マンチェスターの医師	上：109、111、161、162、193、199 下：154
グレインジャー	1801－1865	解剖学者、生理学者、児童雇用委員会	上：162、172 下：11、15、26
ケイ－シャトルワース(ジェイムズ・フィリップス)	1804－1877	マンチェスターの貧民街の医師、貧民の悲惨な状態を暴露	上：87、88、102、103、106、107、108、111、145、258
シャープ	？	リーズの王立外科医師学会会員	上：226、227、232
スチュアート	1775－1849	医師、工場監督官	上：225、229、236、240、244
スミス，（トマス・サウスウッド）	1788－1861	ロンドンの医師、衛生状態の改善にとりくむ	上：120、155　下：91
チャドウィック	1800－1890	労働者の衛生状態を調査、改善に努力	上：68
パーシヴァル	1740－1804	マンチェスターの医師、児童労働者の保護に尽力	上：223
バーズリ	1864－1851	マンチェスター市立病院の医師	上：190
バラム	1804－1884	コーンウォルの王立病院の院長	下：84
バリ	1780－1835	軍医、生理学者	上：227、229、231、238、239、240
ヘイ（エンゲルスはケイと誤記）	1772－1844	リーズの医師、1833 年の工場調査委員会の報告者	上：227、228、232
ホーキンズ	1796－1894	医師、1833 年工場監督官	上：168、213、219、220、222、227、233、236、237、239、249、258
ボーモント	？　－1859	ブラッドフォードの医師。衛生状態の改善につくす	上：227、232
ラウドン	1801－1844	医師、工場調査委員会委員	上：227、229、233、237、239、240

出所）『状態』下巻末「人名索引」参考

害を見る目をもっていた」（上・一一一〜一一二ページの注）と評価し、その著書『イギリスの工業人口。その道徳的、社会的、肉体的状態と、蒸気機械の使用から生じた諸変化』（一八三三年）は、「本書の序説でのべられたプロレタリアートの発展史は、主としてこの著書によっている」（上・一一二ページの注）と活用したことを述べています。

エンゲルスは、イギリスの公衆衛生の発展に貢献したことで知られるエドウィン・チャドウィック（一八〇〇―九〇）の『大ブリテン労働者人口の衛生状態についての調査、救貧法委員会から内務大臣への報告』（『サニタリー・レポート（衛生報告書）』一八四二年）を活用しています。エンゲルスは、「この報告は――これはイギリスの一流の医師たちが、ほかの医師たちの報告にもとづいて作成したものであることを忘れてはならない」（上・一五四ページ）と書いています。この報告書の作成には、前述のケイ医師や『状態』でもたびたび引用されるトマス・サウスウッド・スミス（一七八八―一八六一）医師が参加して、調査をもとに労働者の衛生実態をリアルに報告しています。この報告書は大きな反響をよび、一八四八年の公衆衛生法の成立に大きな貢献をしました。

エンゲルスは、また『児童雇用委員会報告』に関して、「これはもっともすぐれた公式報告書の一つで、きわめて貴重な、しかしまた、きわめて恐るべき事実を、無数にふくんでいる」（上・一六二ページの注）と評価しています。この中にも医師の報告が多数生かされています。

こうした医師の努力が、公衆衛生を発展させる流れをつくっており、若いエンゲルスがそこに着眼していて、よくこうした報告書を網羅しておさえていたなと、本当に感心させられます。

コラム　マンチェスターでコレラ流行ふたたび

マンチェスターの一八三二年のコレラ感染の様子を見てきましたが、その後の大流行の時はどうなったでしょうか。

表をみてください。イギリスの第二次流行の際に、マンチェスターは第一次の一一四四人をうわまわる一三九五人の死亡者がでています。第三次（六三人）、第四次（一一四人）は、かなり少なめでした。人口が増え続けていたので、一〇〇〇人当たりの死亡者数でみると、第一次（六・〇七人）が一番高くなっています。比較のため、リバプール（港町、マンチェスターと鉄道で結ばれている）とロンドンものせておきます。

マンチェスターの一八四九年の感染状況をみてみましょう。マンチェスターの医師ジョン・リーなどがまとめた『マンチェスターのコレラの歴史、一八四九年』（一八五〇年刊行）を参考にします。

六月一日に最初の死亡者がでて、一〇月一八日まで、八一四人がコレラで亡くなります。七、八、九月の三カ月間では、二五二五人の死亡者総数のうち、コレラが六六四人、下痢四九二人、赤痢五九人などでした。前年の一八四八年の同じ月では、通常の下痢、赤痢ふくめ一六一七人の死亡でした。四九年は、コレラによる死亡者が全体数を押し上げたことがわかります。死亡者の総数を年齢別にみると、五歳未満は一八四九年が一一五六人（総死亡者数のうち46%）、四八年は九四九人（59%）でした。幼子の死亡が全体のほぼ半分を占めています。

コレラ死亡者（1,000人当たりの死亡率）

	1832年	1849年	1854年	1866年
マンチェスター				
人口	188,609人	417,121人	461,604人	553,790人
死亡者	1,144人	1,395人	63人	114人
死亡率	6.07	3.34	0.14	0.21
リバプール				
人口	196,212人	388,159人	433,814人	360,563人
死亡者	1,523人	5,308人	1,290人	1,989人
死亡率	7.76	13.67	2.97	5.52
ロンドン				
人口	1,687,752人	2,268,885人	2,479,163人	2,995,833人
死亡者	6,356人	14,137人	10,738人	5,686人
死亡率	3.77	6.23	4.33	1.90

注）マンチェスターは、サルフォードを含む
出所）「ダンカンとコレラ検査：19世紀半ばリバプールの公衆衛生」（『1993年のランカシャーとチェシャーの歴史協会の会報』第143巻収録）を参考に作成

コレラの症状は顕著で、他の病気と混同しないといいます。コレラは、下痢から始まり、吐き気が続き、大量の排泄《はいせつ》物がでて、住宅の床がおおわれているのは珍しくないといいます。そして全身を寒気が襲い、声はハスキーになり、脈拍は知覚できず、体は鉛色になる。けいれんがつま先、脚、腹部、体全体に広がり、拷問のような苦しみで亡くなるといいます。また、最初から過度のけいれんに苦しむ場合もあり、この方が、急速で致命的だったといいます。

そして、病人につき添った医療従事者の多くが、患者とともに亡くなったと述べています。

コレラの犠牲者は、やはり一八三二年の感染が多かった地域と重なっているといいます。この地域の特徴は、貧しい人々の住居に入ると悪臭がひどく、換気の悪さから汚染さ

れた空気を吸い込み、健康と相いれない。河川、運河など排水が悪い。下水道の整備が悪く、家の壁が湿っている。人が過密、雇用は不安定で報酬があまりなく、そのため栄養価の高い食料の必要な量を調達することができない、などをあげています。

この『マンチェスターのコレラの歴史』の著者は、囲い地の浄化と排水、家屋の排水の改善、換気手段の改善、地下室の廃止、混在した地域の衛生状態の改善、新しい水道の整備を期待していました。

(3) 公衆衛生と医学の発展

コレラの正体の解明

エンゲルスは、一八三二年のイギリス・マンチェスターにおけるコレラ感染の様子をリアルに描写しました。当時は、はじめてコレラがイギリスに上陸するという状況で、コレラの正体や治療法は、まだ解明されていませんでした。

コレラ流行を契機に環境衛生の改善や伝染病の予防をになう公衆衛生の発展がはじまり、公衆衛生法（一八四八年）などが整備されてゆきます。そのための世論喚起に貢献したチャドウィックの『衛生報告書』をはじめ公衆衛生の発展に力をつくした医師などの報告書を、エンゲルスは熟読し、『状態』に活用していることは紹介しました。

チャドウィックたちは、コレラ感染は「臭気」が原因であると考えるミアズマ（瘴気《しょうき》・空気伝染）説をとっており、そのためにすべての排泄物を集積せず、水で流す下水道の整備に力をいれていきました。大都市ロンドンでは、一八五〇年代からジョゼフ・バザルゲットの設計による下水道整備がすすめられました。整備に二〇年を要しました。そして、それはコレラ感染を抑制する大きな力になっていきます。

コレラの正体は、一八八三年にドイツの細菌学者ロベルト・コッホによってコレラ菌が発見されて明らかになりました。コレラ菌で汚染された水や食物を摂取することによって感染することがわかりました。「臭気」が原因ではありませんでした。このため医学の発展、防疫体制の強化がはかられ、現在では、下水や飲用水の適切な処理をする施設が整備されている地域では大流行は起こらなくなりました。

さらにコレラは、二〇世紀にはいると、一九世紀に致死率が高く猛威をふるった「アジア型」から、「エルトール型」に代わっており、症状は軽微になっています。しかし中米のハイチでは、二〇一〇年に大地震が襲い、その後、コレラが流行して一万人以上が死亡しています。

治療法の開発

コレラ菌は、体内に入ると、少量の場合は胃酸で死滅し発症しませんが、胃酸で死滅しないほど大量に取り込まれると、小腸に達して増殖し毒素をつくります。菌を死滅させるための胃酸の分泌が十分でない子どもや高齢者が感染の可能性が高くなるのはこのためと考えられます。毒素の作用により、小腸から大量の塩分と水が分泌され、下痢として体から失われます。こうして水分と塩分が失われると低カリウム血症となり、痛みを伴う筋肉のけいれんなどの症状が起こり、ショック状態、昏睡《こんすい》が生じて命にかかわります。

治療は大量に喪失した水分と電解質の補給が中心で、経口補水液を飲むことで十分な効果がえられるとされます。

マンチェスターの特別保健委員会の議事録を読んでいた時に、「六オンスのお湯に大さじ二杯の塩を溶かしたものをあたえるといい」と書いてあったのにはびっくりしました。今日の治療方法につながることがおこなわれていたのです。

フランク・M・スノーデン『疫病の世界史』（明石書店　二〇二一年　上・三三八～三三九ページ）を読む中で、「一八三〇年代に考案された方法で、皮肉にもそれが現代のコレラ治療の基礎になった。その方法とは、補水である」とありました。しかし「水分の適正な投与量がわからずにしばしば過剰にあたえ、心不全を引き起こしてしまった」、「水を滅菌する必要があることも知らなかった」、「塩分濃度は体液よりもかなり高くなければならない」などの問題があり、死を早めた結果に終わっていました。

一九〇八年になって、イギリスの医師レナード・ロジャースが、失われた水分との調整をはかり、食塩を蒸留水に溶かした浸透圧の高い溶液を使用することによって、治療法が画期的に前進します。コレラの致死率は半減、二五％になったといわれます。そして改良がすすみ、塩と糖と電解質を清潔な水に溶かして経口補水する方法が開発され、一九七〇年代に広く採用され、コレラ治療の柱になりました。

未知の病とのたたかいは、一〇〇年単位の人類の科学的探究と試行錯誤を要したのです。

第五章　ブルジョアジーとプロレタリアートの貧困をめぐる対決

（1）ブルジョアジーの本音

前の章で紹介した公衆衛生の発展に尽力した医師たちの共通する懸念は、生活環境の劣悪さが伝染病を広げ、ひいては労働者の平均寿命をおし下げて労働力の低下・不足を招いたり、救貧費の増大を招くことにありました。そこでブルジョアジーなど中流、上流階級によびかけて、改善の流れをつくろうとしました。チャドウィックの『衛生報告書』の「結論の概要」には、環境整備の出費とそれをおこたったときの損失、労働者の健康破壊による損失の比較計算をのせています。ブルジョアジーをふくめた議会で、予算の賛同を得るために必要なことと考えたのでしょう。

エンゲルスの『状態』は、労働者の実態告発に関して、こうした公衆衛生の発展につくした医師などの報告書の内容と変わらないものとなっています。しかしエンゲルスの独自の特徴は、ブルジョアジーは本当の意味での社会変革の担い手にはならない、プロレタリアートこそ担い手になるという解明があるところです。

不健康なマンチェスター――「でも、お金がうんともうかるところ」

『状態』に紹介されている、エンゲルスと知人のブルジョアとの会話が赤裸々です。

「私はあるとき、（中略）ブルジョアの一人とマンチェスターの町へいったことがある。そして労働者街のみじめな不健康な家の建て方や、そのぞっとするような状態について彼と話をし、こんなひどいつくり方の町は見たことがないと、断言した。その男は黙って全部聞いていたが、町角で私と別れるときに、こういった、でもここはお金がうんともうかるところですよ、さようなら！　イギリスのブルジョアにとっては、お金さえもうかるのなら、労働者が飢えようと飢えまいと、まったくどうでもよいことなのである。すべての生活関係は金もうけという物差しではかられ、金にならないことはくだらないことであり、非現実的で観念的である」（下・一二九ページ）

お金さえ儲かるなら、労働者の健康問題など関係がないというブルジョアの本音をずばり指摘しています。

エンゲルスは、「社会的殺人」という強い言葉も紹介しながら告発します。

「十分な生活手段がずっと不足しているために生命にかかわる病気がひきおこされ、その犠牲者の生命が奪いとられる」、「イギリスの労働者はこれを社会的殺人と名づけ、こういう犯罪を絶えずおかしているとして、社会全体を告発している」（上・五三ページ）

「イギリスの労働者新聞がまったく正当にも社会的殺人と名づけたことを、社会が毎日、毎時間、犯しているということ、社会は労働者を健康のままではいられず、長くは生きられないような状態においているること、こうして労働者の生命を少しずつ、徐々に削りとり、そして早ばやと墓場へつれていく」（上・一五〇ページ）

エンゲルスは、注で、ここでいう社会とは、「社会の権力のこと」（同前）で、支配階級であるブルジョアジーであると説明しています。

新救貧法――〝貧困は過剰人口で犯罪〟

エンゲルスは、今日でいえば社会保障制度にあたる救貧法の改定にあたって、ブルジョアジーの本質をうきぼりにします。

旧救貧法は、貧民を餓死から守るのは教会の組織単位である教区の義務だと、考えていました。一八三三年、ブルジョアジーは、救貧法の改正に着手します。著書『人口論』で知られるマルサスら「自由競争の信奉者」は、「自分の世話は自分でやり、自由放任をつらぬきとおすことがいちばんよいと確信していたので、救貧法は完全に廃止するのがもっとも望ましい」と考えていました。しかし、改正するなら、貧困、失業を、「過剰という名のもとに犯罪であると宣言し、社会はこれに餓死という刑罰を加えるべきである」（下・一四三ページ）と主張します。

救貧法委員は、それほど残酷ではありませんが、「貧民諸君にも生きる権利はある。しかしただ生きるだけの権利だ。君たちには繁殖する権利はない。同じように人間らしく生きる権利もない」と述べ、「君たちも生きていくがよい。しかし、やはり過剰になるかもしれない人びとへの、いましめの見本として生きていけ」（下・一四四ページ）という態度でした。今日の新自由主義の原点ともいえる言いぶりではないですか。

エンゲルスは、ブルジョアジーが本気になって貧困の解決に取り組まないことを明らかにしました。

（2）プロレタリアートの成長、一八三四年工場法の成果

産業革命によって、大量の労働者がうまれ、工業都市を形成します。エンゲルスが、労働者階級が、劣悪な労働、住環境におかれ、貧困にあえいでいる姿をリアルに告発しているのをみてきました（注）。

（注）**労働者階級はなぜ貧困になるのか**　『状態』は、エンゲルスが科学的社会主義の理論に到達する前の段階で書かれた文献です。労働者階級の貧困な実態を見事に描いているのですが、経済学的分析の部分では、まだ萌芽的内容になっています。『状態』では、この問題を「競争」の章で展開しています。冒頭から、「競争は近代ブルジョア社会において支配的となっている万人対万人の戦争の、もっとも完全な表現である」（上・一二三ページ）と述べ、この競争がプロレ

タリアートの貧困化の原因であると説明していきます。競争こそ〝悪の根源〟という立場です。一八四〇年代半ばは、マルクスも経済学の研究を始めたばかりでした。『資本論』第一部を刊行（一八六七年）して、搾取の秘密（剰余価値論）を明らかにし、資本主義の本質が鮮明になるまで、まだ二〇年以上の歳月がかかります。

この問題を詳しく知りたい方は、不破哲三『古典への招待』上（新日本出版社）の『状態』の解説部分を参照することをお薦めします。

エンゲルスは、労働者階級の変革者としての成長についてどのように論じているのでしょうか。エンゲルスは、工業都市は、労働者が力を合わせていく基盤もつくりだしていることに着目しています。

「人口の集中は（中略）労働者の発展をもさらにいっそう急速にすすめる。労働者は自分たち全体を階級として自覚しはじめ、一人ひとりでは弱いけれども、集まれば一つの力になるということに気づく」（上・一八六ページ）

「労働者は自分の地位と自分の利益について認識し、自主的に発展しはじめるのである。そのときはじめて、労働者はその考え方、感情、意思表示において、ブルジョアジーの奴隷ではなくなるのだ。そしてこれらの点では、大規模な工業と大都市の影響が大きいのである」（上・一八八ページ）

エンゲルスは、労働時間を制限する工場法を勝ちとるたたかいに注目しています。一八三二年、労働時間を制限するための工場法成立に向けて、工場制度を調査するサドラー委員会が結成され、実態調査をおこない、報告をあげました。この内容は、「ブルジョアジーの側にたっている」（上・二四九ページ）ものではあったが、「多くの恥ずべき行為が工場主の責任とされている」（同前）という点をエンゲルスは指摘しています。さらに委員の一人、医師ホーキンズ博士は、「その報告のまさに第一行目に、一〇時間法案に断固として賛成する」（同前）と述べていました。

そして、一八三四年工場法が成立しました。児童労働の制限とともに、「工場医と監督官が任命され、彼らはいつでも工場にはいり、労働者に宣誓させたうえで尋問することがみとめられ、治安裁判所へ告発して法律を守らせなければならなかった」（上・二五一ページ）という成果がありました。「この法律の結果、とくに監督官の任命の結果、労働時間は平均して一二時間ないし一三時間に短縮され、子どもはさしつかえないかぎりとりかえられた。それとともに、もっともひどい病気のいくつかは、ほとんど消滅した」（同前）という、実際の労働者の健康回復という成果に結実するものでした。

しかしエンゲルスは、「今日にいたるまで労働者階級の健康を害しつづけている」（上・二五二ページ）実態がまだ残されており、「だから労働者のあいだでは一〇時間運動はやまなかった」（上・二五三ページ）ことも指摘しています。

労働者のストライキを詳細に紹介

エンゲルスは、変革の主体としての労働者階級に心を寄せ、マンチェスターでおこったストライキについても詳細に紹介しています。かなり密着して取材していたことが伝わってきます。

エンゲルスは、一八四二年のマンチェスターのゼネストに注目しています。

「一八四二年にマンチェスターでは人民憲章と賃金引き上げのためのゼネストがおこった。しかし、ストライキにも勇気が必要であり、反乱のための勇気以上の、いや、しばしば、はるかに崇高な勇気と、大胆で、確固とした決意が必要なことは、いうまでもない」（下・六〇ページ）

また、一八四三年五月の煉瓦《れんが》工場のたたかい（下・六一ページ）もくわしく紹介しています。

「私のマンチェスター滞在中に（一八四三年五月）、そこで完全な戦闘がおこなわれた」――煉瓦工場（ポーリング・アンド・ヘンフリ社）でのストライキです。会社はスト破りの労働者を集めて対抗します。そして銃撃戦にも発展します。労働者は、「革命的な勇気をもち、弾丸の雨も恐れないということを、やはり十分に証明した」、「人民は明確な目的をもっているときには、十分な勇気をしめした」（下・六二ページ）と、労働者の勇気を繰り返したたえています。

エンゲルスは、『状態』の「追記――イギリスのあるストライキ」（一八四六年）で、この煉瓦工場でのたたかいのその後の動き、一八四四年一〇月から四五年一月までの経過を紹介しています（下・一六一～一七九ページ）。エンゲルスは、この時期、すでに郷里に帰っていますが、マンチェスターの新聞を取り寄せるなどして、たたかいを詳細に追いかけています。

ボーリング・アンド・ヘンフリ社は、大工が夕方暗くなると作業をやめるという昔からの習慣があるのですが、明かりをつけて働かせようとします。他の工場も明かりをつけ始めたら、さらに働く時間をのばすといいます。労働者は、権利が奪われ、ただ働きになるとストライキで抵抗します。会社は、労働者を「陰謀と脅迫のかどで刑事訴訟」（下・一七〇ページ）をおこしました。『状態』では裁判のやり取りも取り上げています。検事総長が工場主に、「あなたはマンチェスターの大工の労働時間が一定の規則（前述の慣習のこと――引用者）によってきめられているのを知っていますか」と聞きます。工場主は、労働時間の規則があるのは知っているが、「私は自分自身の規則をつくる権利をもっています」と開き直り、自分の労働者が「一二週間に一四四時間、余計に働かなければならない」（下・一七二ページ）のは当然だと主張しています。

労働者は、ストライキや激励する五〇〇〇人が参加した行進など粘り強いたたかいを繰り広げます。エンゲルスは、会社は「自分たちにとってもストライキは多くの損失をもたらしたのだから、自分たちのいい分をそれほど十分につらぬくことができなかった」し、「その他の経営者は、こんなにはげしい闘争のあとでは、大工職の古くからの規則（前述の慣習のこと――引用者）を、すぐには変えようとは考えないであろう」（同前）と指摘しています。

若きエンゲルスが、労働者のたたかいに心を寄せ、「イギリスのブルジョアジーにたいする告訴状」（下・一六二ページ）として自著＝『状態』を書いたという思いが伝わってきます。

コラム　当時のマンチェスターをよく知るために

エリザベス・ギャスケルの小説

エンゲルスが『状態』を書いた一九世紀前半のマンチェスターの様子を少しでも実感するために、当時のマンチェスターを舞台にした小説をさがしたところ、ぴったりの小説をみつけました。エリザベス・ギャスケル（一八一〇―六五）の小説『メアリー・バートン　マンチェスター物語』（一八四八年）です。マンチェスターにおける労資間の問題を克明に描き、「社会問題小説」として高く評価されています。労働者の貧困と病気の様子など『状態』を思わせる叙述にであいます。

エンゲルスが利用したポルティコ図書館

同じギャスケルの小説『北と南』（一八五五年）を原作にしたテレビドラマ（BBC文芸ドラマ）があったので、DVDで観ました。マンチェスターをモデルにした工業都市の描写がとても印象的でした。紡績工場内に綿のごみがただよう場面では、労働者が隠れて煙草を吸っていたのを工場主が見つけて折檻《せっかん》します。ごみに引火すると火事になるという理由でした。また主人公の友人の労働者が、不健康な工場内の労働により、肺結核で亡くなります。こうした場面をみて、エンゲルスが『状態』に書いた、「工場労働にはとくに悪い結果を生む部門がいくつかある。綿や麻の紡績工場の多くの部屋では、繊維状のごみがとびちっていて、それはとくに梳綿《そめん》室や櫛麻《せつま》室では胸部疾患をおこす」（上・二四〇ページ）という記述の様子がうかびました。

ギャスケルは、どちらの作品でも労働組合のたたかいを描いています。エンゲルスが『状態』で紹介していたマンチェスターのストライキを、ギャスケルも心を寄せて見ていたのではないかと想像しています。

私がマンチェスターを訪問し、エンゲルスが利用したポルティコ図書館（写真）を見学していた時です。地元のガイドの方に、「マンチェスターをよく知ろうと思って、ギャスケルの『メアリー・バートン』を読んできた」と話したら、「この図書館はギャスケルの夫が館長をしていたところだ」とのこと。その奇遇さにお互いに驚き、とても印象深い経験でした。

科学産業博物館にある19世紀の綿工業の機械

科学産業博物館で一九世紀の機械の実演

マンチェスターの科学産業博物館を見学しました。ここには一九世紀の綿工業の機械（写真）を実際に動かして解説するコーナーがあり、労働者がまきこまれた事故の様子を具体的に知りたいと思っていました。『状態』の中に書かれていた「少女がベルトにはさまれて五〇回もふりまわされ、骨がすっかりくだけて死んだ」（上・二四二ページ）という事故がどのように発生したのか、気になっていたのです。

しかし、機械の動きを見ていても想像がつかず、スタッフの人に質問をしてみました。そうすると、『状態』を書いた時代のベルトは、もっと幅がひろく、そのつなぎ目は金具で留めていた（その後は金具を使わず滑らかなつなぎに変わった）ので、子どもの服にひっかかり、事故につながったと、古い留め具を持ってきて説明してくれました。後で『状態』を読み直してみると、前のページでエンゲルスが丁寧に描写していたことに気がつきました。

「機械装置のうちでもっとも危険なところは、動力を軸から一つひとつの機械に伝えるベルトで、ことに、もうほとんど見られなくなったが、ベルトに留め金がついていると、とくに危険である。このベルトにはさまれたものは、動力によって矢のような速さでふりまわされ、すごい力で上は天井に、下は床にたたきつけられて、身体中の骨がすべてくだかれ即死するのである」（上・二四一ページ）

エンゲルスの工場労働者の危険な状態のリアルな告発に、あらためて感嘆しました。

第六章　『状態』後のエンゲルスのふりかえり

（1）マルクスの娘の病気をきっかけに小児医学を学ぶ（一八五八年）

エンゲルスは、『状態』を書いてから十数年たってからも、書いた当時をふりかえっていることがあります。

一八五八年に次のようなエピソードがありました。マルクスはエンゲルスに、娘が病気で、しばらく連絡が取れなかったと手紙で伝えます。

「末の子が、もう数週間たいへんな病気、百日咳にかかって、僕の妻もまた非常に具合がわるい」（七月二日　全集㉙二六〇ページ）

心配したエンゲルスは、次のように返事をしました。

「イギリスの気候では、百日咳はめったに危険ではないし、ふつう長びくが、悪質ではないとグンペルト〔友人のマンチェスター在住のドイツ人医師――引用者〕は僕に言った。これまで彼の病院で扱った例では、すべてが良い経過に終わっている」（七月一四日　全集㉙二六二ページ）

さらにエンゲルスは、マンチェスターの小児病院の医療報告を手に入れて、マルクスに送っています。

「彼〔グンペルト――引用者〕は僕に、これまでにでているこの病院の諸報告（マレイのもの）をくれた。これは非常に科学的で、僕が僕の本〔『状態』――引用者〕を書いた当時、このような資料をもっていたらなあと思ったほどだ。僕は君にも数部もらってあり、送ることにしよう。個々の部分は君にもたぶん賃労働の章で役だつだろう」（同前）。

このマレイの報告（「子どもの病気」）は、第一次（一八五六年）と第二次（一八五七年）があり、第一次は五三〇〇人、第二次は一五八四人の子どもたちの症例を分析しており、その疫学的手法（集団を対象として病気の発生原因や予防などを研究）を、エンゲルスは「科学的」と高く評価したのではないかと思います。さらに「賃労働の章で役だつ」とその後の『資本論』につながる話をこの時期にしているのも興味深いやりとりです。

(2) エンゲルス『住宅問題』（一八七二～七三年）から

エンゲルスは『状態』を書いたのちにも、コレラ感染問題についてふれているところがあります。一八七〇年代のドイツの急激に発展する都市の住宅難の解決について書いた『住宅問題』（一八七二～七三年）には次のような記述があります。

「労働者がすし詰めにつめこまれているいわゆる『貧民窟』が、われわれの諸都市をときどき襲うあらゆる疫病の巣だということは、現代の自然科学によって証明されている。コレラ、チフス、腸チフス、天然痘その他の破壊的な疾病は、これらの労働者街の汚染された空気と有毒な水とを媒介としてその病原体を伝播させるのである。これらの病原体は、そこではほとんど死にたえることがなく、条件がそれを許すようになりしだい、たちまちにひろがって流行病」（全集⑱二二六ページ）となるとしています。

『住宅問題』が書かれた頃には、コレラは、臭気による感染（ミアズマ説）ではなく、汚染された水や食物を摂取することによって感染を広げることが知られ始めていました。ここでは、「病原体を伝播させる」のは、「汚染された空気」と「有毒な水」の両論が書かれている点に注目したいと思います。

それに続き、この病原体は、階級の違いを区別せず、資本家階級も恐れさせると指摘します。

「資本家諸君の住む、風とおしのよい、健康な市区に侵入する。資本家の支配は、労働者階級のあいだに流行病を発生させるという楽しみを味わいながら、みずからは罰をまぬがれるというわけにはいかない。結果は彼ら自身にはねかえってくる。死神は、資本家のあいだでも、労働者のあいだと同様に、無遠慮に荒らしまわるのである」（同前）

そして、資本家階級が労働者階級の貧困な住宅事情を調査し、改善に踏み出した歴史を紹介しています。

「博愛的なブルジョアは、彼らの労働者たちの健康をはかるけだかい競争心に燃えたった。たえずくりかえし襲ってくる疫病の発生源を閉ざすために、協会が設立され、書物が書かれ、提案が起草され、法律が審議され、公布された。労働者の住宅事情の調査がおこなわれ、最もひどい欠陥をとりのぞく試みがなされた。ことに、どこよりも多数の大都市があり、したがって大ブルジョアにとっての危険がどこよりもさしせまったものとなっているイギリスでは、大がかりな活動が展開された。労働する階級の衛生事情を調査するための政府委員会が任命され、正確さ、完全さ、公平さの点で大陸のあらゆる資料の追随を許さない名誉をもつこの委員会の報告にもとづいて、かなり徹底的な新法律が採択された」（同前）

エンゲルスは、イギリスの公衆衛生にたずさわった政府委員の調査が、「正確さ、完全さ、公平さの点で大陸のあらゆる資料の追随を許さない名誉をもつ」と評価しています。それにもかかわらず、エンゲルスは、資本主義のもとでは対策の限界があることを告発しています。

「資本主義的社会制度は、治療を要する当の欠陥を不可避的にたえずくりかえして再生産しているので、イギリスでさえこの治療にはほとんど一歩の前進も見られないのである」（同二二七ページ）

(3)『状態』ドイツ語第二版序文（一八九二年）から

『住宅問題』から、さらに約二〇年がたった一八九二年に、エンゲルスは、『状態』のドイツ語第二版「序文」で、出版から四〇年経過し、イギリスの衛生状態の改善についてふれています。

「コレラ、チフス、天然痘その他の伝染病が何回もおそってきたために、イギリスのブルジョアは、自分と自分の家族がこういう疫病の犠牲になりたくないならば、自分の都市を衛生的にすることが緊急に必要だということを教えられた。そのために、本書でえがかれているような極端な弊害は、いまではとり除かれるか、あるいはあまり目立たなくなっている。下水溝がつくられ、あるいは改良され、幅のひろい街路が『貧民街』のなかでももっともひどい多くのところを横ぎってつくられた。『リトル・アイルランド』は消滅した」（下・二〇〇ページ）

壮絶なコレラ感染とのたたかいが収束にむかったことが、率直に書かれています。

しかし、ブルジョアジーは、根本的な解決を求めているわけではなく、利益追求のために、さらに工業都市は膨張してゆき、やはり感染対策、健康対策は中途半端なものになります。

「私が一八四四年にはまだほとんど牧歌的とえがくことのできた地域全体が、都市の膨張とともに、荒廃し、人間の住めない貧しい状態におちこんでしまった。豚や排泄物の山は、もちろん、もうゆるされない。ブルジョアジーは、労働者階級の不幸をおおい隠す技術において、いっそう進歩した。しかし、労働者の住宅についてはなんら本質的な進歩がなされていない」、「労働者の貧困を垣根のなかへとじこめるだけで、それをとり除くことはできないのである」（同前）

エンゲルスは、労働者階級の貧困の原因は、「資本主義制度それ自体のうちにもとめるべきだという重大な根本的な事実がますます前面におしだされてくる」（下・一九九ページ）と指摘し、続けて搾取の秘密（剰余価値論）を簡潔に表し、労働者の貧困がうみだされる仕組みを説明しています。

「労働者は資本家に自分の労働力を売り、一日いくらという金額をうけとる。数時間働くと彼はその金額を再生産する。しかし彼の労働協約には、彼の労働日を完全にみたすためには、さらにつづけて数時間働かなければならないと書いてある。彼がこの追加的な剰余労働時間に生産する価値が剰余価値であり、それは資本家にはなんら費用をかけないが、それにもかかわらず、彼のポケットに流れこむ。（中略）あらゆる生産手段と生活手段の所有者である少数者と、他方では労働力以外になにももっていない膨大な数の賃金労働者とに、ますます分裂させていく制度の基礎なのである」（同前）

そして、エンゲルスは、感染症を拡散させる環境、特に労働者の貧困を抜本的に改善するために、労働運動、労働者政党のたたかいに期待します。一八九二年の選挙では、社会主義者の当選も生まれ、労働者たちは「選挙権を自分たちの階級の利益のために用いるなら、どれだけのことができるかということを、見て感じたのである」（下・二一七ページ）と労働者階級の自覚的なたたかいの手ごたえを述べていました。

コラム　マンチェスター市民に愛されるエンゲルス

『状態』の告発を感謝する市民

私が二〇一七年にマンチェスターを訪問した際に、エンゲルスが今でもマンチェスター市民に愛されていることを実感した点を、紹介します。

マンチェスターは、さまざまな市内ガイドツアーが盛んなことを感じました。その中で「マンチェスター地理学会」がすすめるフィールドワークのモデルコースで、一八三二年のコレラ感染にかかわるものが二つありました。「リトル・アイルランド」と「エンジェルメドウ（旧市街の地域）」です。ガイドの資料にはエンゲルスの『状態』の該当部分が紹介されています。やはり、エンゲルスの記述は、この地域の歴史を説明するうえで欠かせないものとして活用されているのです。

産業考古学の研究者の玉川寛治さんは、マンチェスターの公認観光ガイドのコレラ関連のツアーに参加され、その解散の際にガイドの方が、「河がこんなに美しくなり、マンチェスターが現在のような良好な衛生状態と環境を維持しているのは、若きドイツ人、エンゲルスの社会批判に負うところが大きい」と結んだことを紹介しています（『「資本論」と産業革命の時代』新日本出版社　一九九九年　一七六ページ）。

エンゲルス彫像の設置

私が二〇一七年八月にマンチェスターを訪問した際に、エンゲルスに関する像が新たに設置され、それを見学することができました。一つは、マンチェスターの中心部のＨＯＭＥと呼ばれる芸術劇場の前に建てられた彫像（写真）です。ちょうど設置された直後の訪問でした。英紙「ガーディアン」は、「革命家エンゲルスの具体的なイメージの像が、彼が『イギリスにおける労働者階級の状態』を調査した街に建てられる」（二〇一七年六月三〇日付）と紹介しています。

もう一つは、エンゲルスが経営した工場の近くにあるサルフォード大学の構内に建てられた、学生たちが作ったといわれる彫像（写真）です。資金が不足してエンゲルスの顔の像の半分しか作れなかったそうですが、偉大な思想家をあらわしたかったようです。顔の反対側は階

（上）芸術劇場前のエンゲルス像
（下）サルフォード大学内のエンゲルス像

段になっていて、子どもたちがよじ登って親しめるような工夫がされていました。大学の構内に堂々と設置されていて、大学もなかなかの度量です。芸術・メディア学部長のアラン・ウォーカー氏は、「エンゲルスはここサルフォードに住んだもっとも偉大で影響力のある人物の一人だ。彼をたたえる像はここにふさわしい」と語ったとのことです。

岩倉使節団のマンチェスター訪問記録

明治初期の政府が派遣した岩倉使節団（一八七一～七三年）がマンチェスターを訪問したことを顕彰するプレート（写真）を見つけました。岩倉具視《ともみ》を全権として、アメリカ、ヨーロッパ諸国を視察して回っている中で、マンチェスターは一八七二年九月二～六日に訪れていました。興味をもったので、その記録、『特命全権大使　米欧回覧実記　2　イギリス編』（慶應義塾大学出版会）を読んでみました。マンチェスターは産業の中心地だったので、ガラス工場、綿紡績工場、大砲工場などを見学しています。使節団のメンバーも比較的若いのですが、その率直な観察眼は、大変興味深く読めました。エンゲルスはそのころロンドンに移っていましたが、かつてエンゲルスが利用していた施設（ワッツ氏のウエアハウス、取引所）を使節団が訪問して記録を残していました。

岩倉使節団の歓迎会会場の記念プレート

また、使節団のなかに医師の長与専斎《ながよせんさい》（一八三八―一九〇二）が参加していて、欧米の公衆衛生に刺激をうけて、帰国後、「衛生」行政の開拓に力を尽くしていることは、興味深いことです[10]。

図書館、博物館でのマルクス、エンゲルスの展示

サルフォード大学の横には、労働者階級運動図書館（写真）があります。訪問が二〇一七年だったので、『資本論』刊行一五〇年を記念して、マルクス、エンゲルス展が開催されていました。会議室の一室を利用した簡単な展示でしたが、受付は学生たちがボランティアでおこなっていて、とてもうれしい思いがしました。

マンチェスターには人民の歴史博物館（写真）があ

労働者階級運動図書館

人民の歴史博物館

ります。英国の労働者の歴史に関連する資料の収集、保存、解釈、研究のためのイギリスの国立センターだそうです。労働組合旗のコレクションは、世界最大の規模を誇っています。ホールの一部は三階分の吹き抜けがあり、その壁に選挙権獲得のたたかいの年表、活躍した人の流れが表示されていました。政党の流れのところにマルクス、エンゲルスの名前があり、産業革命からの流れのなかに、ロバート・オーエンに続いてエンゲルスの名が刻まれていました。またマンチェスターにコレラが流行していた一八三二年は、第一回選挙法改正のたたかいがあり、そこからチャーチスト運動の流れに発展しています。一八三二年はコレラ感染に目がいっていましたが、政治的なたたかいが大きな高揚をみせていたこともわかりました。

第一部の結びにあたって

コレラ・パンデミックという視点で、エンゲルスの『イギリスにおける労働者階級の状態』を読み直してみると、一八三二年のマンチェスターのコレラ感染を詳細に掘り下げながら、労働者階級の貧困、劣悪な住居、栄養状態、そして健康を破壊する工場労働が、いかに感染症を拡散するのかをするどく告発していたことがわかりました。エンゲルスがとりあげた労働者階級の実態を「住宅、衣服、食物」という角度から分析する視点は、マルクスの『資本論』（第一部第二三章）にも取り入れられています。エンゲルスは、労働者街の実地調査をおこなって、生活実態をつかみ、さらに公衆衛生の発展を担った医師の最新の報告書も活用して、実態を告発しています。その内容は、息苦しくなるくらいリアルなものでした。

産業革命によって工業都市が生まれ、大量の貧困で不健康な状態の労働者階級が密集して暮らしているとの告発は、産業革命をとらえる視点として、大きな影響をあたえました。今日も大学の授業で、産業革命期の労働者の実態を知ろうと思えば、エンゲルスの『状態』が代表的な文献として学ばれているのはうなずけます。

『状態』を書いた時点では、エンゲルスはまだ科学的社会主義の理論に到達する前で、こうした労働者階級の貧困はなぜ生まれるのか、どう打開するのか十分な説明にいたっていません。しかし、この後、マルクスとの共同研究が始まります。マルクスにとっても、エンゲルスの『状態』にみる労働者階級の実態の告発に刺激をうけて、『資本論』でエンゲルスの手法を生かした労働者階級の実態を明らかにしながら、なぜそうした事態が生まれるのかの搾取の秘密（剰余価値論）の解明につながっていきます。

注解

（1）Gillen D'Arcy Wood, *Tambora: The Eruption That Changed the World*, Princeton University Press, 2014. ／「巨大噴火は歴史を動かす　19世紀のヨーロッパを変えたのはインドネシアの火山だった」朝日新聞ＧＬＯＢＥ+　二〇一五年八月一六日　https://globe.asahi.com/article/11566019

（2）James Jameson, *Report on the Epidemick Cholera Morbus, As It Visited the Territories Subject to the Presidency of Bengal, in the Years 1817, 1818, and 1819*, Calcutta, 1820.

（3）村上宏昭『「感染」の社会史――科学と呪術のヨーロッパ近代』　中央公論新社　二〇二一年

（4）Alan Kidd and Terry Wyke, *The Challenge of Cholera: Proceedings of the Manchester Special Board of Health 1831-1833*, The Record Society of Lancashire and Cheshire, 2010.

（5）Henry Gaulter, *The Origin and Progress of the Malignant Cholera in Manchester*, London, 1833.

（6）「病気、死、死体奪取、マンチェスター駅の下に埋もれた暗い秘密」　マンチェスター・イブニング・ニュースＷＥＢ　二〇一九年五月一九日
https://www.manchestereveningnews.co.uk/whats-on/arts-culture-news/disease-death-body-snatching-dark-16288938

（7）Dean Kirby, *Angel Meadow: Victorian Britain's Most Savage Slum,* Pen & Sword History, 2016.

（8）立川昭二『明治医事往来』　新潮社　一九八六年／奥武則『感染症と民衆　明治日本のコレラ体験』　平凡社新書　二〇二〇年

（9）黒崎周一「19世紀イギリスの医師制度改革における医師の社会的権威と国家介入」『社会経済史学』75巻5号　社会経済史学会　二〇一〇年一月

（10）東洋文庫『松本順自伝・長与専斎自伝』　平凡社　一九八〇年／外山幹夫『医療福祉の祖　長与専斎』　思文閣出版　二〇〇二年／小島和貴『長与専斎』　長崎文献社　二〇一九年

第二部　マルクス『資本論』とコレラ・パンデミック

第七章　マルクスの壮絶なコレラ・パンデミックの体験

（1）マルクスのコレラ感染

一八四八年におきたドイツの革命（注）では、マルクスとエンゲルスはケルンを拠点に「新ライン新聞」を発行して、革命の進路をしめす論陣をはるなどして奮闘しました。しかし、翌年、革命は敗北します。エンゲルスは義勇軍に参加して戦い続けますが、敗走しスイスに逃れます。

（注）**ドイツにおける一八四八年の革命**　当時のドイツは、三九の中小国に分裂し、それぞれ専制政治がしかれていましたが、その統一運動や自由主義運動がもりあがっていました。フランスの二月革命の影響をうけ、一八四八年三月、ドイツ各地に市民革命がおきます。各地の市民や労働者の蜂起をうけ、諸国に自由主義的な内閣が成立するようになり、五月には憲法制定のためのフランクフルト国民議会が招集されます。しかし、一〇月から一一月にかけてウィーンでもベルリンでも、それぞれ革命をおさえる工作が展開され、翌四九年七月までには各地で起こった蜂起も含めてほとんど鎮圧されました。マルクス、エンゲルスは、ドイツの統一と民主

主義の確立を掲げてたたかいました。

マルクスは、一八四九年八月にロンドンに亡命してきました。この頃、イギリスは、コレラの第二次流行のさなかでした。マルクスは着いて早々体調を崩しますが、コレラにかかったといいます。

「私は四、五日来コレラの一種にかかり、ひどく疲れているので、君には数行しか書けない」

（マルクスからフェルディナント・フライリヒラート　一八四九年九月五日　全集㉗四三七ページ）

このコレラ感染は、きちんと医師の診断が下されたものかわかりませんが、二人に一人が亡くなったといわれる「アジア・コレラ」ではなく、イギリスで従来よばれていたような夏の下痢・嘔《おう》吐《と》の重いタイプのものだったのかもしれません。致命的にならなくて本当によかったです。

マルクスが「アジア・コレラ」と明確に述べているのは、マルクスが書いた「ニューヨーク・デイリー・トリビューン」というアメリカの新聞のなかの時事評論にありました。

「先週、明らかにアジア・コレラの症例が二、三、ロンドンで発生した。コレラはいまやベルリンにもおよんだと聞いている」（「穀物価格の騰貴――コレラ――ストライキ――海員の運動」「ニューヨーク・デイリー・トリビューン」一八五三年九月一五日付　全集⑨二八五ページ）

この頃、マルクスは、コレラがインド由来であることも、明確にのべていました。

「ザミーンダーリー土地保有制、ライーヤトワーリー、塩税、これらこそ、インドの気候とあいまって、インドからおしよせてきて西欧世界を荒らしまわったあのコレラの温床であった。人間の苦難と非行の連帯を示す、痛烈な、きびしい実例である」（「戦争問題――議会情報――インド」「ニューヨーク・デイリー・トリビューン」一八五三年八月五日付　同二二二ページ）。

「ザミーンダーリー土地保有制」、「ライーヤトワーリー」、「塩税」といっているのは、イギリスのインド植民地支配のしかけです。コレラによる「人間の苦難」と植民地支配による「非行」が結びついてインド人は苦しんでいるという痛烈な批判でした。

貧困にあえぐマルクス家

一八四九年一一月には、エンゲルスも、イギリスに到着します。

マルクスの妻イェニーは、「連日、何千人もの亡命者が到着しました。裕福なものはほとんどおらず、だれしもが程度の差こそあれ窮乏のうちにあり、だれもかも他の人に頼らなければならず、助けを求め、助けをさがしていました」（イェニー「波乱の生活の簡単なスケッチ」土屋保男『革命家マルクスとイェニー』新日本出版社　二〇一二年　一七三ページ）と当時を回想しています。

マルクスは、四九年九月、「ドイツ人政治的亡命者救援委員会」（二カ月後「ドイツ人亡命者社会＝民主主義救援委員会」に改組）を結成して、亡命者の救済活動をおこないます。マルクスがかかわった一年間の活動で、三五〇ポンドの資金を集め、窮乏者へ資金援助をおこない、さらに共同住宅を運営し、五〇年七月には一八人が住み、約四〇人が食堂を利用しています。(1)

マルクス家も大変な窮乏状態に追い込まれます。マルクスはエンゲルスに次のように手紙で伝えています。

「一週間まえから、質屋に入れてある上着がないためにもはや外出もしないし掛け買いがきかないためにもはや肉も食えない」（一八五二年二月二七日　全集㉘二四ページ）

「妻は病気だ。ジェニーヒェン〔長女――引用者〕は病気だ。（中略）医者は呼ぶことができないし、できなかった。というのは、くすり代がないからだ。八―一〇日前から家族はパンとじゃがいもで養ってきたが、それも、今日は手に入れられるかどうか、まだわからない」、「パン屋、牛乳屋、茶屋、八百屋があり、古い肉屋の借りもある。いったいどうすればこんな泥沼からぬけ出られるだろうか?」（一八五二年九月八日　同一〇四～一〇五ページ）

マルクスのこの頃の収入は、一八五一年秋からアメリカのニューヨークで発行されていた新聞「ニューヨーク・デイリー・トリビューン」への通信や新聞、雑誌への記事の投稿が、貴重な収入源でした。しかし、これらの収入では、家族を養い、負債を清算するには及ばなかったようです。

こうした中、マルクスがロンドンに暮らし始めて三年のうちに悲劇が襲います。最愛の二人の子どもを亡くしてしまったのです。五〇年一一月に次男グイード（四九年一一月生まれ）、五二年四月三女フランティスカ（五一年三月生まれ）で、どちらも一歳で亡くなりました。

グイードは、「二、三分前までは笑ったりふざけたりしていたのに。まったく不意のことだった」（マルクスからエンゲルスへ　一八五〇年一一月一九日　全集㉗一三〇ページ）。

フランティスカが亡くなったとき、イェニーの回想記によれば、「冷たいむくろとなって私どもの隣りの部屋に眠っている小さな天使のために泣きました。かわいい子供の死んだ時は、ちょうど私ども貧乏のどん底の時でした」（前出一八〇ページ）と述べています。

エンゲルスは、五〇年一一月からマンチェスターで父親が共同経営する「エルメン・アンド・エンゲルス商会」の仕事につき、マルクス家を財政的にも支援するようになります。

（2）マルクスの住むソーホー地区を襲った第三次流行（一八五四年）

マルクス一家は、一八五〇年一二月からソーホー地区のディーン通り二八番地の建物の三階の二部屋（写真）を借ります。マルクスはここから一〇分程度で行ける大英博物館の図書室に通って、経済学の研究をすすめていました。

「私はたいてい朝九時から夜七時までブリティッシュ・ミュージアムにいる」（マルクスからヨーゼフ・ヴァイデマイアーへ　一八五一年六月二七日　全集㉗四七三ページ）

一八五三年になり、三度目のイギリスでのコレラ流行が始まります。マルクスも、「コレラがロンドンに入った」（マルクスからアードルフ・クルスへ　一八五三年九月一五日　全集㉘四八〇ページ）と手紙に書き残しています。

一八五四年夏、マルクス家の身近なところまで、コレラが迫っていました。

「この瞬間には、無一文であること――家族の必需品がたえず欠かせないということは別として――のほうが、ソーホーがコレラに選ばれた地区であることよりもいやだ。ここでは民衆はいたるところでくたばっていくが（たとえば、ブロード・ストリートでは家屋毎に三人）、この災厄を防ぐのにいちばんいいのは『食糧』なのだ」（マルクスからエンゲルスへ　一八五四年九月一三日　同三一五ページ）

マルクスの住む地区、近くの通りまで迫っているのですが、それより食糧がほしいといっているのは、マルクス家の現実でした。

ディーン通りにあるマルクス宅跡。3階に記念碑あり

同じ手紙には、知人がコレラで亡くなったことも記されています。

「ジョーンズ（チャーチスト左派の指導者――引用者）の印刷業者で彼に融資していたマガワンはコレラで死んだ。ジョーンズにとっては衝撃だった」（同三一六ページ）

マルクスの住むソーホー地区は、コレラの被害が特に大きく、八月から九月にかけ半径二〇〇メートルの範囲で、六〇

○人以上の死者をだす悲惨な状況になりました。マルクス一家に被害が出なかったのは、奇跡的です。

「コレラは最近目立って下火になりつつあるが、われわれの区では猖獗《しょうけつ》をきわめた。それは六、七、八月につくられた下水道が、一六六八年（？と思う）の疫病の死者を埋めた墓地をとおって掘られたからだと言われている」（マルクスからエンゲルスへ　一八五四年九月二二日　同三一六ページ）

マルクスが、流行の原因に二〇〇年前のペストの死者を埋葬した墓地の工事をあげているのは、当時そうしたうわさがあったのですが、マルクスの耳にも入っていたことがわかる貴重な証言です。

（3）医師ジョン・スノウの大活躍——コレラの感染源をつきとめた

実は、このソーホー地区のコレラの大流行は、公衆衛生史上たいへん有名な出来事になっています。それはジョン・スノウ医師（一八一三―五八）の大活躍が医学史をかざっている現場だからです。

コレラの感染ルートについて仮説をもつ医師ジョン・スノウ

当時、公衆衛生に中心的に当たっていた医師などは、コレラは空気感染（「臭気」が原因とするミアズマ説）だと考えていました。スノウ医師は、この説をこれまでのコレラ感染の研究から疑問に思っていました。

スノウ医師は、外科医の見習いをしていた一八三二年（イギリスでのコレラ第一次流行期）に、炭鉱の村キリングワースでコレラの流行に初めて遭遇します。そして、ロンドンで医師をしていた時、一八四八年、四九年のイギリスにおけるコレラの第二次流行に遭遇します。スノウ医師は、コレラの症状は、「臭気」を吸いこんだ肺から発せられるのではなく、消化管への影響からと判断していました。そのため飲み水を媒介としているのではないかと推測しました。

五四年八月末にソーホー地区で感染が始まると、九月一〇日までに五〇〇人以上が亡くなる（表）ほどの急拡大をみせます。スノウ医師は、さっそく患者の分布を調べ、ブロード・ストリートで使用していた井戸水のポンプを感染源として特定、九月七日に地元関係者を説得して、ポンプのレバーを外して使用禁止にしました。

その後、地元のホワイトヘッド牧師などが井戸を調査すると、コレラにかかった赤ちゃんのおむつを洗った汚水が井戸のそばの汚水溜《だ》めに流されていて、そこから汚水が井戸に伝わっていることがわかりました。

ソーホー地区のコレラによる死者数
（ジョン・スノウ『コレラの感染様式について』を参考に作成）

1854年	死者数
9月1日	70
2日	127
3日	76
4日	71
5日	45
6日	37
7日	32
8日	30
9日	24
10日	18
10日間合計	530
8/19～9/30	616

コレラ調査委員会が設置され、エドウィン・ランケスター医師（マルクスは晩年、こ

の医師の息子と友だちになります。一七三ページ参照）が参加。一八五五年の報告書では、コレラの発生はブロード・ストリートの井戸の不純な水の使用によるという結論に達しました。

スノウは、一八五五年に、『コレラの感染様式について』（岩波文庫　二〇二二年）を発表、ブロード・ストリートのポンプ周辺での死亡者を図示した地図を掲載しました。これが今日、「コレラ・マップ」（二〇六ページの写真）として知られています。さらに、水道会社がテムズ川の下水で汚染された区域から取水して供給したことでコレラが感染拡大していることも示しました。

その後も、「臭気」による感染説をとる人たちとの論争は続きますが、飲み水がコレラを広げる役割を果たしたことが認められていきます。スノウ自身は、「コレラ毒」を疑いますが、正体はわかりませんでした。一八八三年のコッホのコレラ菌の発見によって、感染のメカニズムがわかり、飲み水を感染の原因としたスノウの説の正しさが証明されました。

スノウは、人間集団を対象とした病気の発生原因などを研究する疫学を確立した「疫学の父」として、公衆衛生の発展に大きく貢献したと今日でもたたえられています。

コラム　コレラの感染源から約二〇〇メートルのところに住むマルクス

ジョン・スノウ医師の活躍を書いた文献『医学探偵ジョン・スノウ』（サンドラ・ヘンペル　日本評論社　二〇〇九年）や『感染地図』（スティーヴン・ジョンソン　河出書房新社　二〇〇七

年）を読んで、ジョン・スノウ医師のソーホー地区での活躍を知りました。その時、「マルクスの住んでいたところは確かソーホーだったのでは？　子どもが亡くなっているが、コレラが原因だった？」と鳥肌が立つほどびっくりして、慌てて調べました。子どもはコレラが原因で亡くなったのではないとわかりましたが、スノウがコレラ感染源としてレバーをはずしたポンプからわずか二〇〇メートル余りのところにマルクスが住んでいたことがわかりました。「危機一髪だった」と衝撃をうけました。この二〇〇メートルの距離を実感したくて、二〇一七年にフィールドワークをおこないました。歩いてみると五分もかからない、ごく近くでした。

ポンプのあった前のパブは、現在、店名を「ジョン・スノウ」とつけ、顕彰の肖像画も掲げています（一〇七ページの写真）。かつてポンプのあった跡には、ポンプのレプリカが置かれており、実物はロンドン大学に保管されています。

マルクスは建物の三階に部屋を借りていましたが、その跡には、記念プレートがついています（一〇一ページの写真）。水回りは一階で、トイレは共同の水洗トイレでした[2]。水圧が低かったので、水回りは一階でしか利用できなかったようですが、水道が引かれていたので、近くの井戸を利用しないですみました。

スノウ医師が一八五二年の終わりまで住んでいた住まい（一〇七ページの写真）は、マルクスの住居から一〇〇メートルもありません。歩いて一分ほど。マルクスとは約二年間近距離に住んでいたわけで、〝すれちがったこともあったかな〟と想像しています。ジョン・スノウは、一八五八年六月、脳卒中で亡くなります。まだ四五歳でした。コレラ対策にもっと活躍してほし

ジョン・スノウの「コレラ・マップ」（細長い四角い黒い枠が死者1人を表わす。地図の真ん中が感染源のブロード街のポンプ［PUMP］）

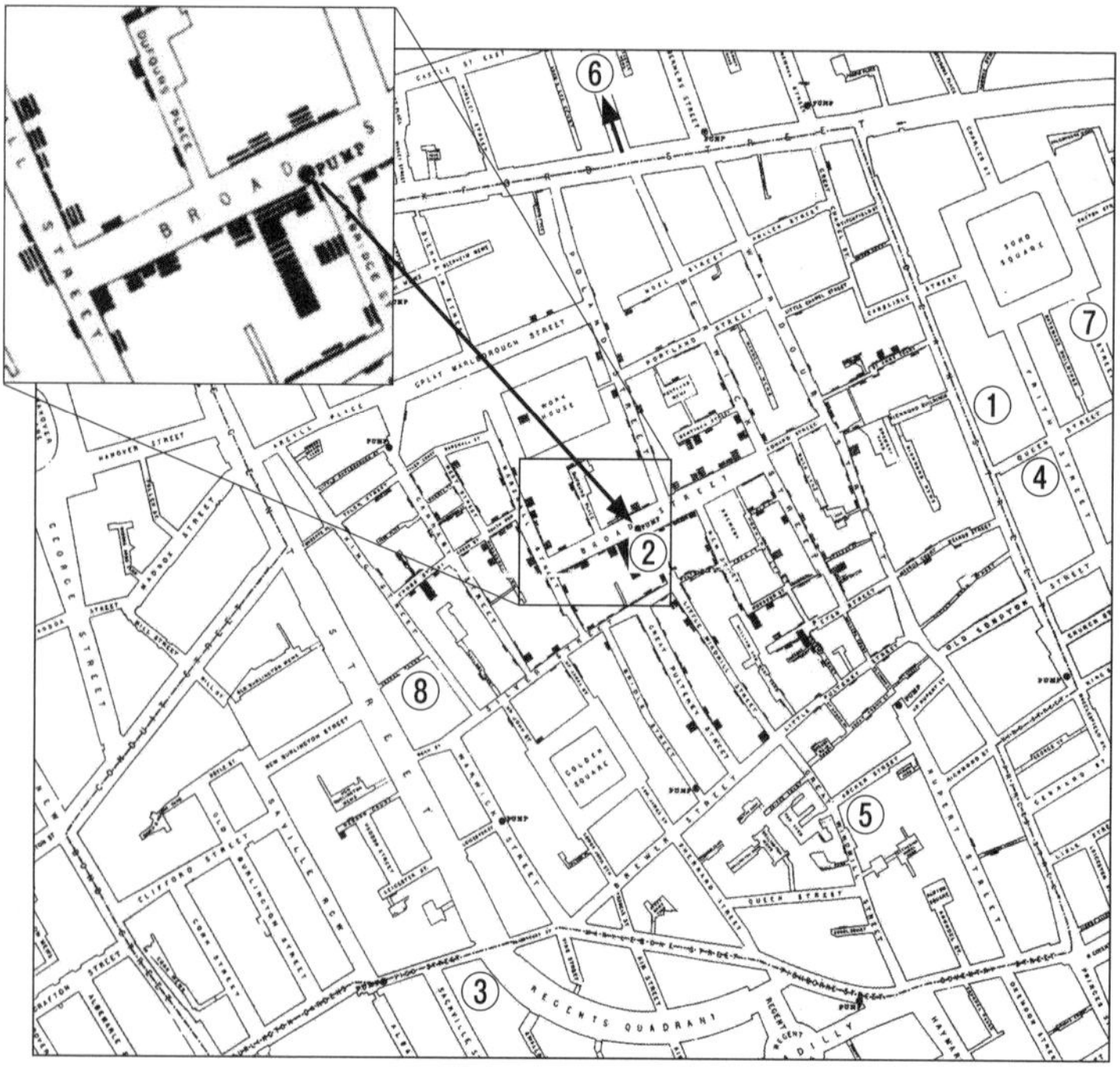

①マルクス宅（1850年末～56年）
②コレラ感染源のポンプ
③ジョン・スノウ宅（1852～58年）
④ジョン・スノウ宅（1838～52年）
⑤ウイリアム・ハンター宅・ハンター医学校
⑥ミドルセックス病院
⑦マネット通り（109ページ参照）
⑧婦人服仕立所（134ページ参照）
出所）UCLAのホームページ掲載の地図より作成

ジョン・スノウが使用を止めたポンプ跡の前にたつパブ「ジョン・スノウ」(左)
ポンプ跡の前に掲げられるジョン・スノウの肖像画(上)

ジョン・スノウ宅(1838～52年)の跡があるフリス通り(左)。記念プレートがある(中央の丸いもの)
ジョン・スノウのオフィス・住宅(1852～58年)の跡があるサックビル通り(上)

かったと、惜しまれます。

　また後述するナイチンゲールは、一八五四年夏、ソーホーでのコレラ大流行の際に、ミドルセックス病院に応援に来ていました。この病院も、マルクスの家からは十分程度のところにありました。

コラム　ソーホー地区を知るために

　ロンドンのソーホー地区といっても、なじみがないのではないかと思います。私も少しイメージを持てないかと思って読んだのが、ロバート・ルイス・スティーブンソンの小説『ジーキル博士とハイド氏』（新潮文庫）で、舞台が一九世紀のソーホーになっています。ジーキル医師のモデルの一人になっているのが、以前にふれたジョン・ハンター外科医（一七二八―九三）といわれています。ハンター外科医は、死体を集めては解剖しており、建物の表の入り口は外科医の看板、裏口は死体の搬入口で、ハイド氏の隠れ家のモデルとされています。このハンターの家は、ソーホーのすぐそばのレスター・スクウェアにありました。マルクスも、このレスター・スクウェアに、一八四九年のロンドン到着後の一時期、滞在していました。ソーホーでフィールドワークをしていた時に、偶然、ハンター外科医の兄、ウィリアム・ハンター解剖学者（一七一八―八三）の家（博物館）跡の記念プレート（写真）（注）を見つけました。

そしてここがハンター医学校になり、のちにジョン・スノウがこの学校（一八三六～三七年在学）に学んでいます。偶然のめぐりあわせに自分自身驚きました。

また、マルクスの自宅のそばに、一九世紀のイギリスを代表する小説家チャールズ・ディケンズの『二都物語』（新潮文庫）の舞台がありました。フランス革命時にパリとロンドンの二つの都市を行き来する青年二人と女性の話です。ソーホーに主人公のマネット一家が暮らしたとされるモデルの建物があり、小説には「ソーホー・スクウェアからほど近い閑静な通りの角にあった」とあります。現在、その建物の横の通りが、「マネット通り」と名づけられています。

医学校になったウィリアム・ハンター宅の記念プレート。ジョン・スノウはここで学んだ

この小説は映画化されており、一九三五年にアメリカで撮られた『嵐の三色旗　二都物語』をＤＶＤで視聴しましたが、フランス革命の様子がリアルで見ごたえがありました。

（注）**記念プレート（ブルー・プラーク）**「ブルー・プラーク」と呼ばれるイギリス国内に設置されている青色の史跡案内板。著名な人物がかつて住んだ家など、建物の外壁に設置。一八六六年にはじまり、現在約一〇〇〇枚設置。エンゲルスやレーニンに関するものもあります。

（4）マルクス家の苦しみ――子や孫を失う

一八五四年夏にコレラが大流行し、その翌五五年の春、マルクス家をまたしても大きな悲劇が襲います。
最愛の息子エドガーが、重病になりました。マルクスは、刻々と変わる容態をエンゲルスに手紙で伝えています。
「ムッシュ〔エドガーの愛称、八歳――引用者〕が熱の出る胃病にかかっていて、それがまだなおらない」（一八五五年三月三日　全集㉘三四九ページ）
「かわいいムッシュが病気を征服するとは思えなくなった。（中略）妻はまたすっかり弱ってしまった」（三月一六日　同三五二ページ）
「ついに病気は、下腹部耗弱という僕の家に遺伝する性質のものになり、医者の側から見ても望みはなくなったらしい。妻は精神的な興奮のために一週間前から以前には一度もなかったほどに弱ってしまった」（三月三〇日　同三五四ページ）
四月六日についに息子は亡くなり、マルクス夫妻の落ち込みは激しいものでした。
「かわいそうなムッシュはもういない。彼は今日五時と六時とのあいだに僕の腕のなかで永眠した」（四月六日　同前）

「家庭に生命を与える魂だった大切な子供が死んでからは、家庭はもちろん荒れ果て寂《さび》れ果ててしまった。（中略）ほんとうの不幸がなんであるか、を知った。僕はまったくたたきのめされた気がする。幸いにも葬式の日から猛烈な頭痛がして、僕にはもう考えることも聞くことも見ることもなくなってしまった」（四月一二日　同三五五ページ）

一八五六年一〇月、イェニーの母が亡くなるなど遺産の相続があり、ついに悪夢のソーホーからロンドン郊外へ転居しました。マルクスは、ソーホーを離れてからかなりたっても、「今でもソーホーの近くまで行くと、背すじに悪寒が走る」と語っていました（フランシス・ウィーン『カール・マルクスの生涯』　朝日新聞社　二〇〇二年　二六四ページ）。

マルクス家のコレラとのかかわりは、ソーホーを去っても終わりませんでした。

マルクスは、一八五九年七月に、ふたたびコレラにかかったといっています。

「今週、僕は計画どおりに事を運ぶことができなかった、暑さのために一種のコレラにやられたからだ。朝から晩まで吐いていた」（マルクスからエンゲルスへ　七月二二日　全集㉙三六一ページ）

しかし、これはたいしたことがなかったようです。すぐに仕事を再開します。

一八六四年には、マルクスの妻のイェニーがコレラにかかりました。命の危険がありました。

「妻は先週擬コレラのひどい発作を起こして、一時は危篤になりそうだった」（マルクスからエンゲルスへ　八月三一日　全集㉚三三三ページ）

しかし、幸いにも、これもなんとか回復して、ことなきをえました。

ところが、マルクスは、二人の孫をコレラで亡くしているのです。

一八七二年、次女ラウラの子、シャルル・エティエンヌ・ラファルグ（一八六七―七二）を亡くします。

「スペインから非常に悲しいニュースが届きました。私たちのかわいそうな小さいシュナップス〔エティエンヌの愛称――引用者〕の容態がとてもとても悪いのです。この子は去年の秋におそろしいコレラにかかってから回復していないのです。しだいしだいによわっていくのです」（ジェニー・マルクス（娘）からルートヴィヒ・クーゲルマンへ　一八七二年五月三日　全集㉝五八二ページ）

一八七四年には、長女ジェニーの子どもシャルル・ロンゲ（一八七三―七四）が亡くなります。

「一週間まえひどい不幸がわれわれを襲った。ジェニー（ロンゲ夫人）の一一か月になる赤ん坊が死んだのだ。とてもかわいい子だった。おそろしい軽症コレラが彼の命とりになった」（マルクスからフリードリヒ・アードルフ・ゾルゲへ　一八七四年八月四日　同五一九〜五二〇ページ）

このように、マルクスは自分の子どもや孫をコレラや他の病気で失い、深い悲しみを経験していたのでした。

第八章　クリミア戦争とコレラ

（1）コレラで次々に倒れる兵士

マルクスがロンドンでコレラに直面していたころ、クリミア戦争（一八五三〜五六年）があり、イギリス、フランス、トルコの同盟軍とロシアがたたかっていました。

一八五四年夏、現在のブルガリアの東部のヴァルナに進軍した英仏軍は、本格的な戦闘前からコレラの被害にあいます。クリミア戦争とコレラの関係では、エンゲルスがまず指摘しています。

「ヴァルナの連合軍内にコレラがあんなに大流行をしたのは、彼らのみごとな戦略計画がもたらした自業自得の結果であった。兵士たちは、まだ一人の敵影も見ないうちに、何千人となく、ばたばたと死んでいった。攻撃もうけず、だれからもじゃまされずに、かなり豪奢な生活をおくることのできたその陣営内で、彼らはハエのように死んでいった」（「セヴァストーポリの攻撃」「ニューヨーク・デイリー・トリビューン」一八五四年一〇月一四日付　全集⑩五一九ページ）

クリミア戦争は戦闘による死亡より、コレラなどの感染症などによる病死が上回ります。マルクス、エンゲルスはその悲惨な状況を繰り返し、告発します。

「東方に派遣された六万名のうち一万七〇〇〇名たらずがやっと勤務可能だった。このうち毎日六〇名ないし八〇名が死に、約二〇〇名から二五〇名が病気で毎日勤務から除かれ、病院から帰ってくる者も一人あるかなしかであった。そして四万三〇〇〇名の死傷者のうちロシア兵のせいだったのは、七〇〇〇名もなかった！」

「湿気や寒さ等々によりひきおこされる痙攣《けいれん》、下痢、もともと手薄な医務官の陣地への分散、ほとんど野天と湿った土の上に横たわる三〇〇〇人の患者をもつ病院テント、スクタリとコンスタンティノープルの病院船と病院――だからクリミアのイギリス軍が完全な解体状態にあり、兵士はこれらすべての悲惨から自分らを解放してくれるロシア人の弾丸を歓迎する」（マルクス＝エンゲルス「イギリスの軍事制度によせて」「新オーダー新聞」一八五五年一月九日付　同六〇七～六〇八ページ）

コレラに対しての軍の衛生対策は無策にひとしく、「イギリス軍が完全な解体状態」とよぶほど、軍が機能しなくなる状況（注）でした。またヨーロッパは、ナポレオンとの戦争以来の大戦争で、近代戦の戦い方として、塹壕《ざんごう》にこもって戦闘をする場面が生まれました。マルクス、エンゲルスは、その塹壕戦が病気を広げているとの指摘を繰り返しています。

「長い塹壕を守備する仕事こそ、イギリス軍をみまった病気のいちばんの原因であった。というのは、それが兵士たちを過度に寝不足にしたからである」（マルクス＝エンゲルス「セヴァス

トーポリの攻囲の批判によせて」「新オーダー新聞」一八五五年一月二三日付　同六三四ページ）

（注）**軍隊と感染症**　戦争と感染症の流行は切り離せません。軍隊は、人が集中し、戦場は不衛生など劣悪な環境にあり、感染症の温床にあります。また、兵士の移動によって感染を広げます。戦死者より戦病死が上回ることも珍しくありません。日清戦争（一八九四～九五年）では、戦死者一四一七人に対し、病死者が一万一八九四人と大きく上回りました。病死者のうちコレラが五七〇九人、脚気三九四四人、腸チフス一四九三人などとなっていました。(3) 第一次世界大戦では、「スペイン風邪（インフルエンザ）」の大流行が知られています。第二次世界大戦では、マラリアや発疹チフスの流行が兵士を苦しめました。新型コロナが流行した際に、在日米軍基地でクラスターが発生しました。米軍は基地からの外出を禁止せず、多数の米兵が基地周辺の飲食街に繰り出し、日本への感染拡大につながったのは記憶に新しいところです。

こうした悲惨な軍隊の様子は、「戦場特派員」の報道によって、イギリス国民の知るところとなりました。また、新聞は戦場の兵士の投稿を載せる手法もとりいれ、反響を呼びます。マルクスも、「連隊長から一兵卒まで、あらゆる階級の将兵が規律を破り、毎週何千という手紙をロンドンの新聞に送りつけ、自分たちの上官のことで声高に世論に訴えているのを、反乱とよんでならないであろうか？」（「回顧」「新オーダー新聞」一八五五年一月四日付　同五九八ページ）と、これらの投稿に注目しました。

（2）ナイチンゲールの活躍とマルクスの注目

戦場の悲惨な状況を知るに及んで、戦地の病院に駆けつけたのがナイチンゲール（一八二〇―一九一〇）でした。

ナイチンゲールは、戦地の病院に行く直前の一八五四年夏、ソーホーでのコレラ大流行の際に、看護支援のためマルクスの家からも近いミドルセックス病院に応援にきていました。この時の様子を、ナイチンゲールは友人のエリザベス・ギャスケル（前述・コラム）に語っています。ギャスケルは、ナイチンゲール宅に滞在し小説『北と南』を執筆中でした。ギャスケルはその話を知人に手紙で伝えています。

「三〇分おきにソーホー地区やブロード街などから担ぎ込まれてくる患者たちのために、一般の患者を退院させざるを得ませんでした。また哀れな売春婦たちがよろけながら絶え間なくやってきました。コレラは他の人びとよりも彼女たちをいっそうひどく襲ったのでした」、「ナイチンゲール女史は昼も夜も眠らずに、患者の衣類を取り換えたり、テレピン油の湿布をしたり、できる限りの介抱に努めました」。

そして、「不潔で呑んだくれの女たちは、恐怖と苦痛で気違いのようになっており、死亡率は極めて高かった。一晩中、泣き喚く哀れな人びとが担ぎ込まれてきた。金曜の午後から日曜の午後まで、彼女は立ち通しで働いた」（セシル・ウーダム・スミス『フローレンス・ナイチンゲールの生涯』〔上〕　現代社　一九八一年　一七九〜一八〇ページ）ことなどを話したようです。

もし、このときマルクスが感染していたら、ナイチンゲールの看護をうけることになったかもしれない局面でした。

一八五四年一〇月一二日の「タイムズ」は、「負傷兵への適切な手当をするための医療準備が十分に行われていないことを、大衆は驚きと怒りをもって知ることであろう。十分な数の外科医がいないばかりでなく、（中略）包帯手（外科医の助手）も看護婦もいない」（フィリップ・ナイトリー『戦争報道の内幕』　時事通信社　一九八七年　一四〜一五ページ）と戦地の病院のひっ迫状況を伝えています。こうした報道をきっかけに、ナイチンゲールは、戦地の病院へ駆けつけることになります。現地の陸軍病院では、軍内の官僚主義が横行し、まともな物流もできない状況でした。

マルクスは、「二次的必需品の欠乏のため数百人が死んでゆくことが報道されると、だれもが政府は必要な補給を戦場へ送るのを怠ったのだと信じた」（「イギリスの軍事制度によせて」「新オーダー新聞」一八五五年一月九日付　全集⑩六〇七〜六〇八ページ）といっていますが、実は、物は届いていたのです。

ナイチンゲールが物資管理の担当者に掛けあうと、「その件はわれわれの権限外です」といわれたので彼女は、「でも、病人には、シャツや石鹸《せっけん》や寝具や宿舎や薬品やクズ粉やポートワインがいるのです。彼らは、何百人となく死んでいっているのです」（「調査委員会〔とその活動〕」「新オーダー新聞」一八五五年三月三一日付　全集⑪一五八ページ）と押し返します。

マルクスは、「新オーダー新聞」への記事でこの顚末《てんまつ》をリアルに紹介しています。

「現地にいた者のだれひとり、しきたりの網を破り、当面の必要におうじて、規則を無視して自分の責任において行動する気力のある者はいなかった。ただひとりの人間があえてそれをやった。しかもそれはひとりの女性、ナイティンゲール嬢であった。必要な品物が倉庫にあることをいったん確かめると、彼女は屈強な男を数人えらびだして、実際に女王陛下の倉庫に押し込んで強奪行為をはたらいたのであった。恐怖にこわばった調達部員に、彼女はこう言った。『これで私は必要なものを手に入れました。さあ、あなたがたは自分の目で見たことを本国に報告したらいいでしょう。すべての責任は私が負います。』」（同一五八～一五九ページ[4]）

マルクスは、ナイチンゲールの勇気を称賛しています。ナイチンゲールはクリミア戦争から戻ってから、『看護覚え書き』（一八五九年）を出版し、大変な反響をよびます。その初めに、「あなたはコレラや熱病その他のときも何もしないのですか？」（日本看護協会出版会　二〇〇四年　一〇ページ）と自ら問い、その答えとして「病気の結果を決めるに当たって細心の看護が非常に重要である」（同一一ページ）と意気込みをしめします。彼女は、その後看護教育の発展に尽くします。

こうしたナイチンゲールをマルクス家でも話題にしていました。一八六五年のことですが、イェニーは、長女の「告白」というアンケートで、「ヒロインは？」の質問に、ナイチンゲールをあげています（服部文男『マルクス探索』新日本出版社　一九九九年）。

第九章　エンゲルスの『イギリスにおける労働者階級の状態』をうけついで

（1）マルクス、エンゲルスの『状態』を読み直す

マルクスは、一八六〇年に大英博物館で、エンゲルスの『イギリスにおける労働者階級の状態』（以下『状態』）をあらためて通読しました。そのことを、エンゲルスに知らせます。

「労働者（成人）の健康状態は、君の『労働者階級の状態』（これを僕はここの博物館でもう一度通読した）が出たとき以来改善されてきたが、子供のそれ（死亡率）は悪化してきた」（一八六〇年一月一一日　全集㉚七ページ）

さらに三年後、ふたたび『状態』を読み返し、エンゲルスへ手紙で、熱烈な評価の言葉を送ります。

「君の本のなかの主要な記述について言えば、それは微細な点に至るまでその後の一八四四年以来の発展によって実証されてきている。というのは、僕はその本とそれ以後の時期についての僕の覚え書とをもう一度自分で比べてみたのだ」、「君の本を読み返してみて、僕はしみじみと老

年を感じさせられた。今なおこの本のなかでは、なんと新鮮に、熱情的に、大胆に先取りして、学者的で学問的な狐疑《こぎ》逡巡《しゅんじゅん》なしに、事物が把えられていることだろう！」（一八六三年四月九日、同二七四～二七五ページ）

マルクスは「老年」といっていますが、このとき、まだ四五歳になるところでした。『状態』はエンゲルスの二四歳の時の著作なので、若きエンゲルスの勢いを感じたのでしょう。

そして、マルクスは、『資本論』第一部にエンゲルス的な方法による労働者階級の状態の記述を、大幅に取り込むことにします。

「エンゲルスが〔『イギリスにおける労働者階級の状態』で――引用者〕資本主義的生産様式の精神をどんなに深く把握したかは、一八四五年以来出版されている工場報告書、鉱山報告書などが示しており、また、彼がどんなにおどろくほど詳しくその状態を描き出したかは、彼の著書と、一八年ないし二〇年後に公表された『児童労働調査委員会』の公式の報告書（一八六三―六七年）とを、ざっと比較しただけでもわかる」（『新版　資本論』②　新日本出版社　四一五ページの注）

このことにより『資本論』は、理論的な展開を、事実の集大成で裏付け実証してゆくというエンゲルスの『状態』の手法を取り入れ、『資本論』のすぐれた特徴となってゆきました。

『資本論』第一部では、「労働日」（第三篇第八章）、「機械と大工業」（第四篇第一三章）、「資本主義的蓄積の一般的法則」（第七篇第二三章）、そして第三部第一篇第五章「不変資本の使用における節約」など、資本主義的搾取の実態を、政府や議会の公式の報告書などに記録された事実をもって告発していることがわかります。

これは、マルクスが、エンゲルスの『状態』の先駆的な業績から学んで、意図的に取り入れたものなのです。マルクスは、エンゲルスの『状態』が一八四五年段階の著作なので、その後の『資本論』第一部をしあげる直前の一八六〇年代半ばまでの新たな資料を活用します。

「『労働日』にかんする篇を歴史的に拡大したのだが、これは僕の最初のプランにはなかったことだ。今度僕が『挿入したもの』は、君の本への一八六五年までの補足（スケッチ的）になっており（そのことは注のなかでも言ってある）（中略）僕の本が出さえすれば、君の本の第二版が必要にもなるし同時に出版しやすくもなるのだ。理論的に必要なことは僕が書こう。その後の歴史的な補遺は、君が君の本の付録として書くべきものだが、これについては、『工場監督官報告書』と『児童労働調査委員会報告書』と『公衆衛生報告書』とのほかはどの資料もまったくの屑《くず》もので科学的には使いものにならない」（マルクスからエンゲルスへ　一八六六年二月一〇日　全集㉛一四五～一四六ページ）

『資本論』では、「公式の報告書」のなかに『公衆衛生報告書』が加わります。一八五八年の公衆衛生法により、枢密院は医務官を任命することができ、医務官は公衆衛生問題に関して毎年『公衆衛生報告書』を提出するようになります。マルクスは、この報告書を「科学的」と評価しているのです。

（2）インタナショナル創立宣言に生かす

『資本論』に進む前に、国際労働者協会（インタナショナル）の「創立宣言」を見ておきたいと思います。

マルクスは、一八六四年九月のインタナショナルの結成にあたって重要な役割をはたし、その「創立宣言」（写真）を作成しました。そこで、さっそく『公衆衛生報告書』を活用しています。

そこにはエンゲルスの『状態』の手法が生かされていることがわかります。労働者の実態告発で医師の『公衆衛生報告書』を活用すると同時に、政府の主張にたいし、相手の主張をつかって、その矛盾を証明する「対人立証」がみごとに使われている点でも注目したいと思います。

マルクスが「宣言」で『公衆衛生報告書』を活用しているのは、工場労働者、農業労働者が窮乏のため十分に栄養を取れず、飢餓寸前まで追い込まれている実態についてです。『報告書』の中の付録にあるスミス博士の報告を活用して告発しています。

スミス博士は、議会上院の委託で、平均的な成人一人が飢餓に陥らない、最低限の栄養量を明らかにしました。この量は、極度の困窮の圧迫に余儀なくされた綿業労働者が実際にとっている栄養量と一致していると指摘します。

そして、「この同じ学識ある医師は、その後ふたたび枢密院医務官からの委託で、労働者階級の貧困層の栄養調査をおこなった。彼のおこなった調査の結果は、議会の命令で本年刊行された『第六次公衆衛生報告書』にまとめられている」（マルクス「国際労働者協会創立宣言（一八六四年）」古典選書『インタナショナル』新日本出版社 二〇一〇年 一一ページ）として、そこからの引用を続けます。

「非常に乏しい食事は、ほかのいろいろの点での欠乏をなめつくしたあげくにやってくるものだということを、思いおこすべきである。……清潔ということさえ、金がかかる事柄、あるいは困難な事柄と思えるようになっているだろうし、もしいまなお自尊心から清潔をたもとうとつとめるようであれば、そうつとめるだけよけいに飢えの苦しみをなめることになろう」、「貧困が怠惰のための自業自得の貧困でないことを思えば、なおさらである。あらゆる場合に、それは働く人々の貧困である」（同一二ページ）

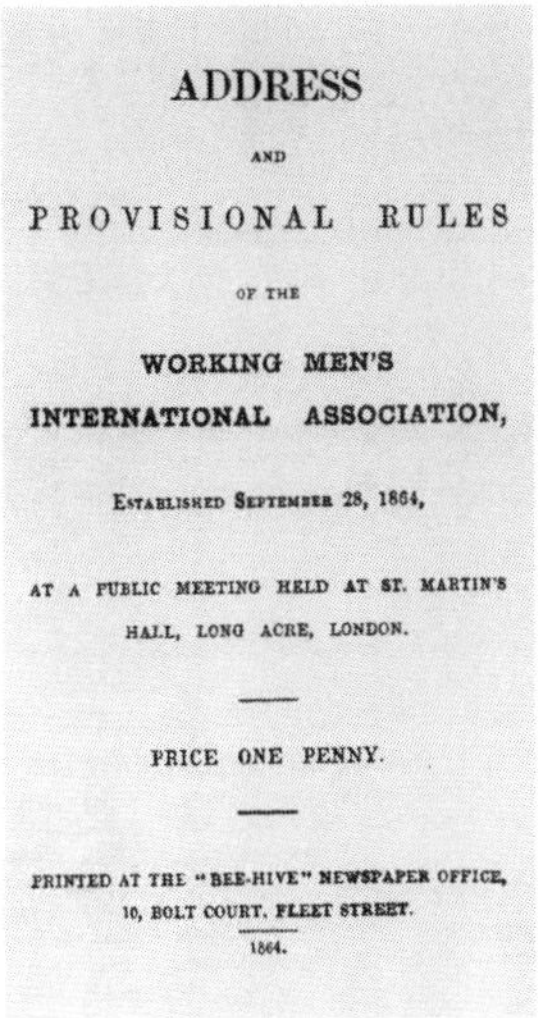
ADDRESS
AND
PROVISIONAL RULES
OF THE
WORKING MEN'S
INTERNATIONAL ASSOCIATION,
ESTABLISHED SEPTEMBER 28, 1864,
AT A PUBLIC MEETING HELD AT ST. MARTIN'S
HALL, LONG ACRE, LONDON.
PRICE ONE PENNY.
PRINTED AT THE "BEE-HIVE" NEWSPAPER OFFICE,
10, BOLT COURT, FLEET STREET.
1864.
マルクスによって執筆された国際労働者協会の「創立宣言」と「暫定規約」初版の扉＝1864年、ロンドン

さらに『報告書』は、連合王国のうちで「最も富裕な区域」である「イングランドの農業従事者が、めだってひどい粗食である」という、「奇妙な、むしろ意外な事実」（同一三ページ）を明るみにだしたと指摘しています。

ところが大蔵大臣が下院にむかっ

て、「イギリスの労働者の平均的な状態はいちじるしく改善した。それは、われわれの知るところでは、どの国、どの時代の歴史にも前例のないほどの改善である」（同前）と発言します。その同じ議会の命令で刊行された公式の『公衆衛生報告書』が、「一国の公衆衛生とは、その国の大衆の健康のことである。そして、大衆が、その底辺にいたるまで、せめて適度の安楽の状態になければ、彼らはとうてい健康とは言えないであろう」（同前）と、大臣の発言を否定する内容になっているのです。

大臣は議会で、所得の増大がみられるが、「この人を酔わすような富と力の増大は」（同前）、「まったく有産階級だけに限られている！」（同一四ページ）と本音を語ってしまいます。

その有産階級の富がどのような条件でつくられたのか。インタナショナルの「創立宣言」は、「労働者階級によって、どんな破壊された健康、けがされた品性、精神的破滅の条件のもとでつくりだされたのか、またいまなおつくりだされつつあるのかを知りたいならば、最近の〔第六次〕『公衆衛生報告書』に叙述された裁縫業、捺染業、婦人服仕立業の職場の状況を読んでみたまえ！」（同前）といいます。

『公衆衛生報告書』は枢密院に報告するものですが、労働者の実態について医師たちの事実にもとづく報告を、マルクスは重要なたたかいの武器にしていることがわかります。

マルクスは、『資本論』でこの『公衆衛生報告書』をさらに全面的に活用していくので、その点を詳しく見ていきます。

第一〇章 『資本論』と『公衆衛生報告書』

今日、新型コロナ・パンデミックは、社会の脆弱《ぜいじやく》性をあぶりだしました。さらに、格差拡大や環境破壊など資本主義の弊害が鮮明になるなかで打開の展望をもとめ、マルクスの『資本論』への注目が広がっています。

マルクスは、『資本論』の著作の最終目的を、「近代社会の経済的運動法則を暴露する」（『新版資本論』①一四ページ（以下巻数とページ数のみ記載））ことにおきました。この研究によって、資本主義社会は資本家の儲けすなわち利潤（剰余価値）の追求が第一で、資本は「自己を増殖し、剰余価値を創造」して、「できる限り大きな量の剰余労働を吸収しようとする本能を、もっている」（②四〇一ページ）ことを明らかにしました。つまり資本は、労働者からできるだけ搾取して、剰余価値を得ようとします。

労働者は資本家に雇われて賃金を得ることによってしか暮らしていけません。またマルクスが「産業予備軍」とよぶ失業、半失業状態の労働者群もあり、労働条件低下の要因ともなっています。こうして、社会の一方の側（資本家階級）の「富の蓄積」、もう一方の側（労働者階級）の「貧困の蓄積」（④一一二六ページ）につながることを明らかにしました。資本主義が、格差と貧困の拡大をまねくことをズバリと指摘しています。さらに資本主義は、利潤獲得の競争のなかで、〝大量生産・大量消費・大量廃棄〟の膨大な浪費を生み、自然を破壊することもためらいません。

『資本論』は、同時に、労働者階級が変革の担い手として成長し、資本主義をのりこえた未来社会をたたかいとる展望もしめしています。それは資本の利潤第一主義の支配から社会を解放する、すなわち働き手である生産者が生産活動の手段である生産手段（工場、原料）を持っておらず、資本家の所有物になっている矛盾の解決をはかる。新しい社会は、この生産手段を社会の手に移して（生産手段の社会化）、搾取をなくして、生産者が主役となる社会を実現する展望でした。このことにより格差と貧困が抜本的に解消されます。そして高い生産力を生かして労働時間を短縮して、自由時間を拡大し、その時間を生かして人間の全面発達が開花できると見通しました。

資本主義のしくみを根本からつかんでこそ、新しい社会への変革の条件もつかめ、未来の展望もみえてきます。マルクスは、資本主義の「経済的運動法則」をつかむことにより、新しい社会への「生みの苦しみを短くし、やわらげることはできる」（①一四ページ）と述べました。

まさに、『資本論』は変革の書であり、希望の書として、読みごたえがあります。「資本主義」という用語が市民権を得ているのも、マルクスが名付け親で、『資本論』に由来があるのです。

これまであまり注目されてこなかった点かもしれませんが、『資本論』には、マルクスが一九世紀に民衆を苦しめたコレラ・パンデミックと向き合い、問題を掘り下げた探究が反映している部分があるのです。今日の新型コロナ・パンデミックを考える際にも、多くの示唆をあたえています。そのことをこれから見ていきたいと思います。

『資本論』では、労働者の健康問題を考える点で、『公衆衛生報告書』を活用しています。この点が、コレラ・パンデミックと『資本論』のかかわりを考えるのに貴重な材料をあたえています。

（1）マルクスの『公衆衛生報告書』への注目

コレラ感染はブルジョアジーを恐れさせ、公衆衛生の発展のための手をうたざるをえなくします。この点は、エンゲルスが『イギリスにおける労働者階級の状態』でも指摘していましたが、『資本論』でも同様の主張がされています。

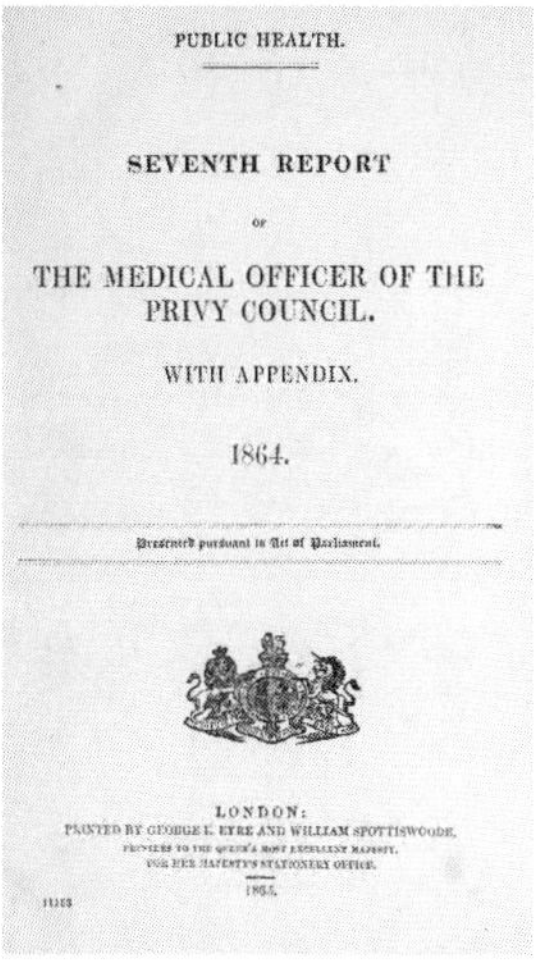

第７次『公衆衛生報告書』表紙＝1864年、ロンドンで刊行

「『立派な方々』といえども容赦しない伝染病にたいする恐怖だけから、一八四七年から一八六四年までに、一〇を下らない衛生取締法が生み出された」（④一一四七ページ）

一八五八年の公衆衛生法により、毎年、枢密院へ『公衆衛生報告書』（写真）を提出す

ることになります。『資本論』では、『公衆衛生報告書』の第三次から第八次までが使われています。主に次の四つの章――第一部の「労働日」〔第三篇第八章〕、「機械と大工業」〔第四篇第一三章〕、「資本主義的蓄積の一般的法則」〔第七篇第二三章〕、そして第三部の第一篇第五章「不変資本の使用における節約」で活用されています。

『公衆衛生報告書』は、議会の要請でまとめられているものですが、報告にたずさわっている医師たちは良心を発揮し、労働者の実態告発をリアルにしており、マルクスは、その点に注目しています。『資本論』「序言」〔初版への〕では、「イギリスの工場監督官や、『公衆衛生』にかんする医事報告者や、女性および児童の搾取にかんする、住宅状態や栄養状態等々にかんする調査委員たち」は、「専門知識があり不偏不党で容赦しない人々」（①一三ページ）と評価しています。

実態告発の特徴はどうでしょうか？

「『公衆衛生報告書』に、公式のきわめて豊富な資料が見いだされる。仕事場、とくにロンドンの印刷工や裁縫工の仕事場の描写は、われわれの小説家のはき気をもよおさせるような想像をも超えている。労働者の健康状態におよぼす影響は、自明のことである」（③八一四ページ）

マルクスが「小説家のはき気をもよおさせるような想像をも超えている」と指摘するくらい、描写がリアルで、「きわめて豊富な資料」を提供しているのです。

（2）『公衆衛生報告書』――医師の活躍への評価

『資本論』で『公衆衛生報告書』が活用されるなかで、マルクスが高く評価し、繰り返し引用している医師が二人います。ジョン・サイモンとジューリアン・ハンターです。最初にどのような人物なのか見ておきましょう。

ジョン・サイモン医師

ジョン・サイモン医師（一八一六―一九〇四）（写真）は、『資本論』では、「〝枢密院〟の主席医務官で、『公衆衛生報告書』の公式編纂官であるサイモン博士」（同前）と紹介しています。『新版資本論』⑧の一五九ページの訳注には、「一八五五年、一般衛生局医務官、一八五八年、枢密院医務官、のち一八七一年に、地方自治部主席医務官として反対派と激しくたたかった」と書かれています。医師出身の医務官として良心的な仕事をしたのでしょう。

ジョン・サイモン（1816―1904）＝著書の挿絵から

エンゲルスのサイモンの人物評価に、次のようなものがあります。

「『ネーチャー』には、ご覧のように、当地で開催された国際医学大会でおこなわれたジョン・サイモンの演説が載っているが、これは、ブルジョアジーにたいする医学の真の告発だ。J・サイモンは、枢密院の医務官吏であり、イギリスの全医事警察の事実上の長であり、マルクスが『資本論』であのように何度も、しかもあのように賞めて引用している人にほかならず、たぶん一八四〇―六〇年期の古い、職務に忠実な、良心的な官吏の最後の人であり――いたるところでブルジョアの利害が彼の義務遂行の第一の障害であるのを見いだし、それとたたかう必要のあった人です。だから、ブルジョアジーにたいする彼の本能的憎悪は烈しくもあり、はっきりもしているのです」（カール・カウツキーへの手紙　一八八一年八月二七日　全集㉟一八六ページ）。

『ネーチャー』は、医学・生物学を含む自然科学の国際的に権威のある学術雑誌です。エンゲルスは、そこに掲載されたサイモンの一八八一年にロンドンでおこなわれた第七回国際医学大会での演説を読んだわけです。エンゲルスのコメントから、サイモンはブルジョアジーとたたかう「良心的」な人物で、マルクスも『資本論』でよく引用するぐらいほめていたことが伝わってきます。

ジューリアン・ハンター医師

ジューリアン・ハンター（一八二三―一九〇八）（注）は、『資本論』でサイモンと並び多くの引用がされている医師です。マルクスは、ハンターの『公衆衛生報告書』に掲載された労働者の住宅事情に関する調査について、「優れた論文」、「画期的な報告」と高く評価しています。

「〝枢密院〟の命令によって、一八六四年に農村労働者の住宅事情にかんする調査が、また一八六五年に都市下層貧困階級の住宅事情にかんする調査が実施された。『公衆衛生』にかんする第七次および第八次報告書のなかには、医師ジューリアン・ハンターの優れた論文が見いだされる」（④一一四七ページ）

「農村労働者の住居にかんするその画期的な報告書」（④一一八一ページ）

（注）**ジューリアン・ハンター**　一八二三年、バースで生まれます。父親は、牧師で考古学者でもありました。ロンドンのキングスカレッジスクールで教育をうけ、一八四四年に王立外科医大学の会員資格を得て、一八四六年からシェフィールドの公共診療所の外科医として働き始めます。一八五五年に医学博士を取得し、シェフィールド大医学部の講師も務めます。一八六一年に引退し、その後、友人のジョン・サイモンとのかかわりで、枢密院の医療部門での仕事につきます。乳児死亡率と住居に関する調査が高く評価されます。一八九三年にバースに戻って過ごし、一九〇八年七月一一日、八五歳で亡くなりました。（「ブリティッシュ・メディカル・ジャーナル」一九〇八年八月一日付　訃報欄を参考）

イギリスで一八六六年にコレラ第四次大流行がはじまったとき、マルクスは、ハンターの報告書を読めばどこにコレラが好む貧民の住宅があるかわかると、エンゲルスに手紙で伝えています。「コレラがわれわれ（僕が言っているのはロンドン子たちのことだ）のところにたいへんな敬意を払って訪れてきた。そして、先週刊行された、『貧民の住宅事情』にかんする衛生局の第八次報告書のなかのドクター・ハンターの報告書は、コレラ夫人にとくにどこを訪問したらよいかを示す案内書として、おそらく役に立つことだろう」（一八六六年七月二七日　全集㉛二〇五ページ）

『資本論』では、サイモンとハンターを引用している部分をおさえていくと、マルクスが強調したかった『公衆衛生報告書』の重要なポイントが読み取れると思います。

それでは、『資本論』の叙述のなかで、『公衆衛生報告書』がどのように活用されているのか、先に紹介した『資本論』の四つの章に即して見てみましょう。

（3）第一部第八章「労働日」

第八章「労働日」は、労働時間の延長によって儲けようとする資本家階級と労働時間の短縮をもとめる労働者階級のたたかいがえがかれています。マルクスは、労働者の長時間労働による過酷な労働実態とそのことによる労働者の健康破壊を、『児童労働調査委員会』の報告書を主に活用して告発しています。同報告書の中には、医師の報告も紹介されています。そして、『公衆衛生報告書』の関係では、『第三次報告書』のグリーノウ医師の報告にある、「陶業地域では寿命が異常に短い」（②四二四ページ）という点や、『第六次報告書』から、スコットランドの農業地域で、「かつては立派な男性と勇敢な兵士で聞こえたこの州の諸地方においても、住民はやせこけて萎縮《いしゅく》した種族に退化している」（②四七二ページ）との告発が使われています。

資本は、労働者の健康と寿命を考えない

資本家は、「〃大洪水よ、わが亡きあとに来たれ！〃」（②四七一ページ）のスローガンに見られるように、儲けがふくらむのなら、労働者が貧困になろうが、自然が破壊されようがかまわない。そこで、「資本は、社会によって強制されるのでなければ、労働者の健康と寿命にたいし、なんらの顧慮も払わない」（同前）――マルクスはこういっています。労働者は、「社会的バリケード」（同五三二ページ）としての労働時間を規制する工場法を「社会の強制」として通用させなければ、健康は守れないと主張しているのです。大事なところだと思います。

一四世紀のペストの大流行の話が、『新版　資本論』②四七五ページでふれられています。黒死病として恐れられたペストがヨーロッパで大流行し、人口の三分の一から四分の一が犠牲になったといわれています。そのため極端な労働力不足がうまれ、農民の社会的地位が改善、労賃も高騰しました。一四世紀末には農奴制の崩壊がすすみます。『資本論』では、労賃の高騰にたいして、国家が介入して労賃を押し下げようと、〃労働者規制法〃がつくられ、そうした下での労資のたたかいを描いていています。感染症の大流行が、社会を大きく変える作用を果たしたことを意味します。

コレラの流行も、大きな犠牲をうみだした一方で、公衆衛生の発展につながります。

『資本論』で紹介された婦人服仕立所があったリージェント通りの今

メアリーの過労死と保健医官

この章の中では、働きすぎによって過労死した二〇歳の婦人服仕立工メアリー・アン・ウォークリーの話（②四四二～四四五ページ）が印象的です。

宮廷用婦人服仕立所では、狭い一室に三〇人ずつとなって、二六時間半も休みなく労働し、他方、夜は、一つの寝室を板で仕切った息詰まる穴の一つのなかで、一つのベッドに二人ずつ寝ていました。過度労働、空気欠乏、栄養不足で、過労死をうみました。マルクスは、被害者の個人名もあげて、この過労死を告発しています。

『公衆衛生　第六次報告書』は、この婦人服仕立工の働きすぎ問題をとりあげています。

メアリーの職場は、マルクスが一八五〇～五六年に住んでいたソーホー地区のリージェント通り（写真）にありました。この地区の一八五四年のコレラ大流行の対策にあたった医師エドウィン・ランケスター（一〇四ページ参照）が、この地域の保健医官になっていました。保健医官は、一八五五年にロンドンの各地区で任命され、公衆衛生を専門に担っていました。この過労死事件は、ランケスターの報告をもとに、いくつかの新聞社が記事にしています。その報道をマルクスが『資本論』で紹介しました。

保健医官ランケスターの一八六三年の年次報告によると、メアリーの過労死事件後、彼はこの職場に二度の訪問をおこなっています。ランケスターは、このような職場は、専門家の監督なしには、過密状態を防ぐことは不可能で、施設長も若い労働者も部屋の換気方法や、科学が示唆した多くの手段を適用するのに十分な知性を持っていないと述べています。そしてこのあと地区内の店や作業場を一〇〇軒以上検査しています。結果は、壁が汚い一四、天井が汚い一九、換気が悪い一五、一般的に汚れている一〇、過密状態四、良好な状態四〇、合計一〇二となっています。ランケスターは、こうした職場に調査が及ぶと、作業室の状態に改善が行われると実感を述べています。

ランケスターは、一八六六年のコレラの流行の際に、『コレラ　それは何ですか。それを防ぐ方法』というパンフレットをだして、ジョン・スノウの業績などを踏まえながら、感染拡大を防ぐための啓蒙活動をおこないました。

（4）第一部第一三章「機械と大工業」

第一三章「機械と大工業」は、工場、機械の発展がなぜ、資本家の儲けにつながるのか明らかにします。そして、そのことが労働者の健康にどういう影響を及ぼしているのか、よくわかります。

マルクスは、前の第一二章になりますが、資本主義のもとでの分業の発展を考察し、分業が労働者の精神、肉体にどういう影響を及ぼすのか、これは「産業病理学に材料と刺激とを提供する」（③六三九ページ）といっています。この研究の先駆者として、マルクスは、注七三（③六四〇ページ）で、イタリアの臨床医学の教授ラマッツィーニ（労働衛生学、職業病学の祖）をあげ、その著作『働く人々の病気』（北海道大学図書刊行会　一九八〇年）を紹介しています。この本は、鉱夫、錬金屋、マッサージ師、科学者、陶器師など多くの職業とその労働条件をふまえた病気の発生、すなわち職業病を調査し、結果をしめしています。マルクスはこうした産業と病気の関係をみる視点をもっていることを押さえておきたいと思います。

『公衆衛生報告書』はどう活用されているのか。サイモン博士の次の引用に注目します。

「『私の第四次報告書』（一八六一年）『で示したように、労働者たちの第一の衛生権、すなわち、彼らの雇い主が彼らをどのような仕事のために集めようと、その労働が雇い主しだいである限り、すべての回避できる不健康な状態から労働が解放されるべきだという権利を主張することは、労働者にとっては実際には不可能である。私は、労働者が自分でこの衛生上の正義を獲得することが実際にできないあいだは、彼らは、保健警察当局からなんらかの有効な援助を得ることができないと指摘した』」（③八一四〜八一五ページ）

サイモンは、権利としての「衛生権」の確立をもとめ、労働者がきちんと主張できるようになることを展望していました。

マルクスは、サイモン博士の告発のなかで、過酷な労働によって寿命が縮んでいることに注目し、「仕事場が健康状態におよぼす影響の例証」として、彼があげている死亡率表（③八一五ページ）を『資本論』に掲載しています。

伝染病との関係では、ぼろ選別女性工員の感染の被害をあげています。「天然痘やその他の伝染病をまきちらす媒介者としての役目をし、彼女たち自身が、その最初の犠牲者である」（③八一二ページ）とマルクスは『公衆衛生　第八次報告書』を活用して指摘しています。ぼろは、各国から輸入して肥料や毛屑（寝具用）の製造、紙の原料などに使われていました。エジプトでコレラがはやり、そこから輸入することにより感染拡大の危険が心配されていました。

工場法・保健条項（第九節）は健康を守る

マルクスは、工場法の保健条項が、労働者の健康破壊を防ぐ防波堤になるとみていました。保健条項は、「きわめて貧弱なものであり、実際には、壁を白くすることやその他の二、三の清潔措置、換気、および危険な機械にたいする保護のための諸規定に限られている」（③八四一ページ）ものでしたが、一定の効果もあげていました。

こうした制度の強化は、現場の医師も切望していました。一例をあげると、外科医のW・ホワイト博士は、『児童労働調査委員会　第五次報告書』の中で、「製線工場における災害は、きわめて恐ろしいものである。多くの場合、手足の一つが胴体からもぎ取られる」、「私は、製線工場にたいする適切な国家の監督によって身体と生命の大きな犠牲が回避されうると確信している」（③八四二ページ）と述べています。

マルクスは、これに続き、「資本主義的生産様式には、もっとも簡単な清潔・保健設備でさえ、国家の強制法によって押しつける必要があるということ、これ以上にこの生産様式をよく特徴づけうるものがほかにあるだろうか？」（同前）と指摘します。

資本主義社会では、工場法・保健条項という「国家の強制法」によって、健康がまもられることになります。さらにマルクスの工場法と労働者の健康についての指摘を紹介します。

「一八六四年の工場法は、製陶業において二〇〇以上の作業場を白塗りにし清潔にした」、「この法律は、換気装置を非常に増加させた」（同前）

「この法律的強制は、資本主義的生産様式の根底を、すなわち、労働力の『自由な』購入と消費による、大なり小なりの資本の自己増殖を、おびやかすであろう」、「保健関係当局、産業調査委員会、工場監督官たちは、五〇〇立方フィートの必要性〔空間が保障されて空気が十分に必要という意味――引用者〕とそれを資本に強制することの不可能とを、再三にわたって繰り返している。彼らは、このように実際には、労働者の肺結核その他の肺疾患が資本の生活条件であると宣言しているのである」（③八四三ページ）。

工場法・保健条項が、労働者の健康を守る力になることがわかります。この活用と発展が切望されていました。

（5）第一部第二三章「資本主義的蓄積の一般的法則」

第二三章「資本主義的蓄積の一般的法則」は、第五節「資本主義的蓄積の一般的法則の例証」で、一八四六年から六六年のイギリスの労働者階級の実態をみており、そのなかで『公衆衛生報告書』が活用されています。第五節のａからｆの項目のうち、特にｂ「イギリスの工業労働者階級の薄給層」、ｃ「移動民」、ｅ「大ブリテンの農業プロレタリアート」の項で活用され、エンゲルスの『状態』の続編のように読めるところです。

低賃金で栄養不足

ｂ「イギリスの工業労働者階級の薄給層」では、賃金が低く、栄養不足からくる健康破壊をとりあげています。

「一八六二年に〝枢密院〟は、イングランドの労働者階級のうちもっとも栄養事情の悪い部分の窮状の調査を命じた」（④一一四二ページ）のを受けて、『公衆衛生　第六次報告書』では、労働者の「栄養はきわめて悪いので、多くの場合は悲惨で健康破壊的な欠乏（中略）を引き起こすに違いない」（④一一四三ページ）という結論を示します。この栄養問題の分析を重視したマルクスは、前章でも紹介した、インタナショナル創立宣言でもとりあげていました。

サイモンは、報告書のなかで、「栄養不足が病気を引き起こしたり悪化させたりする事例が無数にあることは、貧民医療に通じ、また、入院患者であれ外来患者であれ、病院患者の事情に通じている者ならだれでも、確認するであろう」（④一一四五ページ）といいます。そして、「衛生当局の手がもっとも及ばず、下水溝がもっとも貧弱で、交通の便がもっとも悪く、汚物がもっとも多く、給水状態がもっとも貧弱または不良である地区」（同前）は、「貧困が食物の不足をも含む場合には、その貧困はどうしてもこのような衛生上の危険にさらされる」（④一一四六ページ）と述べています。

都市部の過密・不潔な住宅事情が伝染病を拡大

次に住宅が問題になります。マルクスは、「資本主義的蓄積が急速になればなるほど、労働者の住宅状態はますます悲惨なものとなる。富の進展にともなう都市の『改良』（中略）は、明らかに貧民をますます劣悪で密集した巣窟に追い込む」（④一一四六〜一一四七ページ）といいます。ここに未知の伝染病が襲う原因の一つがあり、ブルジョアジーを含め、感染への恐怖が広がります。マルクスは、次のように医師の告発を紹介しています。

医師エンブルトンは、「チフスの持続と蔓延《まんえん》との原因が、人間の過密とその住宅の不潔とにあることは、疑いの余地がない」（④一一五二ページ）といいます。ベル医師は、熱病患者の恐るべき死亡率を、彼らの住宅事情から説明し、「住まいがたいていうす暗くて、湿気が多く、不潔で、臭い穴であって、人間が住むにはまったく適していない」、「ここを中心にして病気や死が広がる」（④一一五五ページ）と述べています。

マルクスが、コレラの「案内書」になるといった、『公衆衛生　第八次報告書』の付録にあるハンターの報告「貧しい人々の住宅について」から、都市の住宅事情が端的に紹介されています。ロンドンは、「過密状態および荒廃状態は二〇年前よりもはるかに悪い」（④一一四九ページ）、ニューカースル・アポン・タイン（イングランド北部の工業都市）は、「家屋と街路という外的環境によって、しばしばほとんど野蛮に近い退化に落ち込んでいる」（④一一五三ページ）、ブリストルは「貧困と住宅の悲惨さが満ちあふれている」（④一一五七ページ）とあります。

移動民――コレラを伝播

ｃ「移動民」では、マルクスは、鉄道建設などの移動労働者たちが伝染病の伝播《でんぱ》にかかわっていることを、『第六次報告書』をうけて注目します。

移動労働者たちは、建設現場に「野営」するわけですが、「疫病の移動隊列であって、彼らが設営した付近に、天然痘、チフス、コレラ、猩紅熱《しょうこう》などを輸入する」（同前）とあります。そして、医師たちから、資本家は、伝染病が発症した場合、雇用者を隔離する家を建てると約束しているのに守らないと、苦情がでています。

マルクスは、「資本は、自分が労働者の機能および家庭生活を呪縛する諸条件が、危険であったり、屈辱的であったりしても、労働者を有利に搾取するにはそれらが必要であるとして、『正当化する』ことを決してためらわない」（④一一六二ページ）と指摘しています。そしてサイモンの「報告書が暴露しているような恥ずべき事実に直面しては、救済策がとられるべきである」（④一一六三ページ）という訴えを引用しています。「社会的バリケード」の必要性が痛感される指摘です。

ハンター医師の農村労働者の実態告発

e「大ブリテンの農業プロレタリアート」では、農村労働者の居住環境について、ハンター医師の「画期的な報告書〔第七次報告書――引用者〕」（④一一八一ページ）が大幅に活用されています。サイモンは、「ハンター医師の報告のどのページも、わが農村労働者の住居の量の不十分さと質の悲惨さについての証拠を提供する」（④一一八七ページ）と述べ、そのあとハンター医師などの報告をもとに、特徴をまとめています。マルクスはこの部分を六ページにわたって引用しています。その中で伝染病について、次のようにふれています。

「農村地域における伝染病の蔓延にかんする報告者たちは、再三再四、紋切り型と思えるほど同じ表現を用いて、家屋過密は、ひとたび発生した伝染病の進行をくい止めようとするあらゆる試みを、すっかりだめにする一原因であるとして告発しているのである。また、農村生活の数多くの健康的影響にもかかわらず、伝染病の蔓延をはなはだしく加速する密集状態が非伝染病の発生をも促進するものであることは、再三再四、指摘されたことである」（④一一九一ページ）

続いて、マルクスは、ハンターの報告から、イングランド全州で農村労働者の〝小屋〟五三七五戸を調査した内容を紹介しています。『新版　資本論』④の一一九五ページから一二〇四ページにわたる一〇ページもの引用になります。その特徴は、どこも高い家賃で、過密、不衛生、トイレの不足などの劣悪な状態にあることはかわりませんでした。感染症のかかわりでは、猩紅熱、チフス、ジフテリアが発生しても、「隔離を確実にすることはここでは困難」（④一一九七ページ）と実態を指摘しています。

マルクスはハンターの報告をうけ、問題の本質を次のように指摘しています。

「農村労働者の不断の『過剰化』は、農村労働者の受救貧民的貧困のゆりかごである」、「この住宅難が彼らの最後の反抗力をくじき、彼らを地主および借地農場経営者のまったくの奴隷にしてしまい、その結果、労賃の最低限が彼らにとっての自然法則として固定するのである」（④一二〇五ページ）

マルクスは、『衛生報告書』をもとに、貧困をつくりだし、維持するシステムを見事に明らかにしています。

（6）第三部第五章「不変資本の使用における節約」

第三部第五章「不変資本の使用における節約」では、第二節「労働者を犠牲にしての労働諸条件の節約」で『公衆衛生　第六次報告書』が活用されています。ここで注意が必要なのは、この第三部の第五章は、一八六四年の後半にマルクスが書いた草稿をもとに、エンゲルスが編集しているものです。そのため『報告書』の引用では、第一部との重複もみられます。訳文の違いがみられますが、訳注によると、「原文のドイツ語訳の違いによる」（⑧一六八ページ）とのことです。

資本は「人間の浪費者」

この第二節のテーマは、資本家が、利潤追求のための不変資本（工場の設備、機械）の節約をおこない、そのことが労働者の健康をどう破壊するのか、その本質にせまっていくことです。「資本の自己増殖すなわち剰余価値の生産を促進するため」に、資本家は「建物の節約」と呼び、「狭くて不健康な場所への労働者の過密な詰め込み、同じ場所への危険な機械設備の過充と危険防止諸手段の怠慢、その性質上健康に有害」（⑧一五〇ページ）という行為をおこないます。そして、「人間材料についてはまったく浪費的」（同前）、「人間の、生きた労働の浪費者であり、血と肉の浪費者であるだけでなく、神経と脳髄の浪費者」（⑧一五四ページ）と、資本は利潤追求のために、人間を〝浪費〟するがごとく過酷に扱い、労働者の健康を破壊すると、本質を指摘します。

続いて、資本は、建物を節約し、狭い空間に労働者を押し込み、「換気装置の節約」をしているので、「労働時間の延長と相まって、呼吸器疾患のはなはだしい増加を、したがって死亡の増加を生み出す」といいます。そしてマルクスは「以下の例証は、『公衆衛生、第六次報告書。一八六三年』からとったものである」（⑧一五九ページ）と、実態を紹介します。

屋内での集団労働は、「労働者たちの健康ではなく生産物の製造の容易さが決定的であるような環境のもとで行なわれ」、「利潤増大の源泉」として、「労働時間の短縮や特別の予防策によって埋め合わされない場合には、同時に、労働者たちの生命および健康の浪費の原因でもある」（⑧一五九～一六〇ページ）とあります。そして、サイモン医師が、「肺疾患による死亡率は高くなる」、「その原因は、換気の不良である」（⑧一六〇ページ）と指摘している点を紹介しています。

マルクスは、『報告書』が示す絹業地域での肺結核などによる死亡率の高さが、「わが国の絹業の一大部分が営まれているひどい（〝ぞっとするような〟）衛生状態」（⑧一六一ページ）を暴露しているといいます。

調査した医師は、労働者が「過密で、換気が悪く、健康にとって非常に好ましくない」（⑧一六二ページ）状況で働いていると告発しています。植字工は、「換気の不足や汚染空気などに、さらに夜間労働がつけ加わる」とし、「ガスが点火されると、たちまち熱気と空気のよごれがひどくなる」（⑧一六四ページ）とのことです。

『資本論』は、資本が、換気対策の費用を節約することによって、労働者の健康が破壊されることを徹底的に明らかにしています。

「労働の衛生状態も、適切な法的保護のもとに」（サイモン）

第一部第八章第三節であつかった婦人服仕立女工の話がでてきます。第一部のときは過度労働に光をあて、ここでは換気の問題に注目して書かれています。「ガス灯がともされている時間中は、あまりに暑すぎ、空気がよごれ、不健康的である」、「一四人が押し込まれている小さな部屋は、換気が悪かった。二つの動かせる窓と一つの暖炉があったが、暖炉はふさがれていた。なんらかの種類の特別の換気装置は、存在しなかった」（⑧一六五～一六六ページ）とあります。

サイモンは、健康な者がほとんどいない原因として、「第一に、労働時間の長さ〔中略〕第二に〔……〕作業場の過密状態と換気の悪さ、ガス灯によって汚染された空気、不十分または劣悪な食物、および家庭的快適さへの配慮の欠如」（⑧一六七ページ）を指摘しました。

マルクスは、「イギリスの衛生当局の長〔サイモン〕の結論」として、「労働者たちの第一の衛生権〔中略〕健康に有害なすべての不必要な状態から解き放されるべきであるとする権利を主張することは、労働者たちにとっては実際には不可能である」、「原則的には健康保護の要求は普遍的なものである。そこで、単に就業しているというだけで生じる無限の肉体的苦痛によって、その生命がいま不必要に痛めつけられたり縮められたりしている無数の男女労働者たちのために、私はあえて次のように希望を表明したい。すなわち、労働の衛生状態も同様に普遍的に、適切な法的保護のもとにおかれるべきである」（⑧一六七～一六八ページ）と核心部分を紹介しています。

公衆衛生の発展に貢献した医師たちも、健康問題は個人の問題ではなく、社会や労働のあり方と切り離せず、その点での改革がないと健康は守れないことを繰り返し告発していました。

マルクスは、『公衆衛生報告書』の膨大な資料を活用しながら、資本が利潤追求を最優先し、長時間労働、過密労働、そして換気対策の節約で労働者の健康を破壊しても気にとめることがないこと、また、住宅も劣悪でしかも高い家賃をとり、過密、不衛生であり、都市計画でも上下水道の不備、工場のばい煙などで健康が侵されること、そこに伝染病が広がる基盤があることを鮮明にしました。そして、対策として工場法のような「社会的バリケード」を勝ちとり、さらにより根本的には、利潤追求の資本主義社会をのりこえた未来社会でこそ、「衛生権」、「健康権」が尊重される労働、住宅、街づくりが発展できることを視野にいれていたことがわかりました。

コラム　一八六六年の第四次大流行――水道会社がコレラ感染拡大

イギリスにおけるコレラの第四次大流行は、一八六六年になります。『資本論』第一部の刊行は、一八六七年九月なので、第四次流行を詳しく報告している『公衆衛生　第九次報告書』（一八六七年発行）には触れられていません。そこで『第九次報告書』をもとに一八六六年のコレラ流行の様子を概観してみます。

コレラは一八六五年にはイスラム教のメッカの巡礼者の間で流行し、エジプトから南ヨーロッパの港へと広がっていきました。六五年九月にはイギリスの港町サウサンプトンに達し

て、死者もでましたが、流行は小規模にとどまりました。これは、『第八次報告書』にも記述があります。

しかし、六六年七月以降、七、八、九月の三カ月間で、一万三六五人のコレラ死亡が登録されます。特にロンドンの東部の被害が大きくなります。

この時は、ジョン・スノウの業績もあり、水道水の汚染が疑われ、感染者が集中したロンドン東部で営業するイースト・ロンドン水道会社が問題にされました。調査の結果、会社はコレラで汚染された水源（貯水池）から取水していたことが発覚します（図）。

六月に水源近くの住人がコレラで死亡、その家から汚水がリー川（テムズ川の支流）を通って貯水池に流れ、水道会社の貯水池のずさんな管理により、ろ過していない水を給水していたことがわかったのです。バザルゲットが設計した下水道は、このロンドンの東部方面地域だけ完成していなかったので、被害の拡大につながりました。コレラに感染し、亡くなったのはロンドンの東部地域で約四〇〇〇人といわれます。そして『報告書』では、水道会社が水源管理のずさんさの事実を認めた、とあります。

サイモンは、「五〇万人の顧客に供給している水道会社の不正行為が、突然大勢の人口に及んでしまうという非常に極端な危険がある。これに対し、大衆に対する保護は不完全だ。水のもつ、その生と死の巨大な力は、最近まで世界の歴史の中で前例のなかったものです」と水道会社を糾弾します。「下水に汚染された水を配給する水道会社が、一日で何百人もの命を奪う可能性」を、議会も今ならば理解できるようになっただろうと述べています。

先ほど紹介したサイモンの国際医学大会の演説では、ロンドンでのコレラ流行の際に、下水で汚染された水を供給した水道会社の果たした役割は、「コレラがまん延する方法についての貴重な実験」だったと皮肉っています。サイモンは、水道会社があたえた被害の規模を記載した資料を配り、飲み水がコレラ被害を広げたと、実感をもって訴えています。

一八六六年のコレラによる犠牲を経て、ジョン・スノウの〝コレラは飲み水を通じて感染を広げる〟という指摘が「貴重な実験」で証明されたのです。水道水への汚染の危険が指摘されはじめていた一八六六年の段階では、〝イースト・ロンドン水道会社スキャンダル〟とよばれた事件になりました。

今日、国連は「水と衛生に対する人権」（二〇一〇年国連総会決議）を確認し、さらに持続可能な開発目標（ＳＤＧｓ）の目標6は「すべての人々に水と衛生へのアクセスと持続可能な管理を確保する」ことを掲げています。企業が利益優先に「安全で清浄な飲料水」の提供から逸脱したとき、多数の人命にかかわる事件につながる。「水は人権」を強く実感し、水の供給にも目をむけていかないといけないと考えさせられた事件でした。

第一一章 「物質代謝」の視点からパンデミックを考える

（1）「物質代謝の撹乱」とパンデミック

自然と人間との関係

私たちが苦しんできた新型コロナ・パンデミックをはじめ、この半世紀新しい感染症が多発しています。原因として、人間による生態系の破壊、生物多様性の減少、熱帯雨林の破壊、地球温暖化などにより、野生動物と人間の距離が縮まり、接触がふえ、動物のもっていたウイルスが人間に伝わりやすくなっていることが考えられます。資本主義が、利潤追求のため、自然環境を破壊することをためらわないという問題があります。実は、マルクスもこのテーマを『資本論』のなかで探究していました。

マルクスは、人間が労働によって自然に働きかけて、人間に有用なものをうみだし、必要のないものを排出していくことを、人間と自然との「物質代謝」と特徴づけました。物質代謝とはもともと生化学の用語で、生命体が、自然から必要なものを吸収して、エネルギーにし、いらなくなったものを自然に排出する、自然との相互作用をさした言葉です。

『資本論』第一部第五章「労働過程と価値増殖過程」では、次のように述べています。

「労働は、まず第一に、人間と自然とのあいだの一過程、すなわち人間が自然とのその物質代謝を彼自身の行為によって媒介し、規制し、管理する一過程である」（②三一〇ページ）

「人間と自然との物質代謝の撹乱」

マルクスは、『資本論』のなかで、資本主義のもとで利潤追求を最優先すれば、人間と自然との物質代謝の前提になっている自然環境を破壊してしまうことを問題にしました。そのことを「物質代謝の撹乱《かくらん》」という言葉で規定しました。

「資本主義的生産は、（中略）人間と土地とのあいだの物質代謝を、すなわち、人間により食料および衣料の形態で消費された土地成分の土地への回帰を、したがって持続的な土地豊度の永久的自然条件を撹乱する」（第一部第一三章「機械と大工業」第一〇節「大工業と農業」③八八〇～八八一ページ）

ここでは、「物質代謝の撹乱」は、農業生産によって、土地の栄養分がなくなり、荒れ地となってしまうことをさしています。この「物質代謝の撹乱」という視点は、地球的規模の気候変動や新しい感染症の多発などの分析に鋭く切り込めると注目されています。

マルクスは、この「物質代謝」という生化学の用語を、ドイツの生化学者ユストゥス・フォン・

リービヒ（一八〇三―七三）から学び取っています。『資本論』では、リービヒについて、「自然科学的見地からする近代的農業の消極的側面の展開は、リービヒの不滅の功績の一つである。農業史にかんする彼の歴史的概観も、粗雑な誤りがなくもないが、卓見を含んでいる」（③八八二ページ注三二五）と称賛しています。

マルクスが読んだリービヒの『化学の農業および生理学への応用』（以下『農芸化学』）には、次のような記述があります。

「ローマならびにスペインの世界帝国を終末に導いたのは、農業の軽視でなく、略奪農業による畑の肥沃《ひよく》度の破壊であった」（吉田武彦訳　北海道大学出版会　二〇〇七年　六八ページ）

「世界各地、地球のあらゆる地方で、注意深い眼は、土壌の状態そのものの中に偉大な自然法則を見い出している。すなわち、かつて強大な帝国が栄え、高密度の人口が土壌から食糧と富とを勝ち取ったところが、今や開墾に値するだけの実りをもたらさない、文字どおりの原野と化しているのだ」（同七〇ページ）

リービヒが「略奪農業」と呼んでいるような、土地から栄養をとるだけとってしまうと農業ができなくなるような荒れ地になり、強大な国家や文明もたちゆかなくなってしまった歴史が示されています。マルクスは、リービヒのこうした見地に刺激を受けました。

物質代謝の攪乱が人間の肉体におよぼす影響にも、『資本論』第八章「労働日」で具体的にふれています。「周期的な流行病」も国民の生命力を奪ったが、資本の略奪欲が土地を疲弊させるのと同様に、過酷な労働で国民の生命力を奪い、「ドイツおよびフランスにおける兵士の身長低下」（②四一三ページ）を招いたといっています。兵士の身長低下にかかわって、注四六では、リービヒの『農芸化学』から、人間の繁栄がさまたげられると、人間は「身長が低下する」（同前）、そのため徴兵制がしかれているヨーロッパの諸国では、フランス革命前の時期（資本主義の発展以前）と比較し、近年、平均身長が低下し、兵役適格者が減っているという見解を引用しています。

現代社会と「物質代謝の撹乱」

マルクスは、地球的規模の気候危機（当時はまだ起きてはいませんでした）や感染症のパンデミックそのものをとりあげたわけではありませんが、資本主義の利潤第一主義による人間と自然との「物質代謝の撹乱」は、こうした問題の根にあるといえます。

長崎大学熱帯医学研究所の山本太郎教授は、感染症が今日、ひんぱんにおきる理由を次のように述べています。

「ヒトの行き来により格段に狭くなった世界。とどまるところを知らない熱帯雨林の開発や地球温暖化。それらと相まって、野生動物の生息域が縮小し、ヒトと動物の距離が縮まった。野生動物と共存していたウイルスは調和を乱され、行く場所を求めてヒト社会に入り込んでくる。新興感染症がひんぱんに発生する理由はそこにある。

加えて、増加した人口、都市への密集、世界の隅々まで発達した交通網が感染拡大の原動力となる。現代社会は、新型コロナウイルスのようなウイルスの出現と拡散の双方にとって『格好』の条件を用意しているのである」（『疫病と人類』朝日新書　二〇二〇年　一九二ページ）
これまでみてきたマルクス、エンゲルスの見地と重なり合うことを感じます。そして現代社会のあり方そのものが問われているのではないでしょうか。

未来社会の展望のなかで

マルクスは、自然条件の攪乱を克服する展望を述べています。

「同時に、あの物質代謝の単に自然発生的に生じた諸状態を破壊することを通じて、その物質代謝を、社会的生産の規制的法則として、また完全な人間の発展に適合した形態において、体系的に再建することを強制する」（③八八一ページ）

マルクスは、資本主義のもとで自然破壊が進む中で、「社会的生産の規制的法則」として、また「完全な人間の発展に適合した形態」で、「体系的に再建すること」が求められるといいます。

さらに、マルクスは『資本論』第三部で未来社会の展望を語ったなか（第四八章「三位一体的定式」）でも、ふれています。

「自然との物質代謝を合理的に規制し、自分たちの共同の管理のもとにおくこと、すなわち、最小の力の支出で、みずからの人間性にもっともふさわしい、もっとも適合した諸条件のもとでこの物質代謝を行なう」（⑫一四六〇ページ）

ここは物質代謝を「合理的に規制し、自分たちの共同の管理のもとにおく」未来社会でこそ、「みずからの人間性にもっともふさわしい、もっとも適合した諸条件」で物質代謝をおこなえると展望を語っています。利潤第一主義の資本主義をのりこえた、未来社会でこそ、人間と自然との物質代謝の「攪乱」をのりこえ、調和をはかっていく条件ができるのです。

未来社会は、搾取がなくなって生産者が主役となり「社会的生産」を共同の管理におくことにより、利潤を優先し人間や自然破壊をためらわないという事態はおこらなくなるでしょう。そして、「人間と自然との物質代謝」が調和し、健康や自然環境を守ることに、人間の英知を結集し全力で対処する社会になるのではないでしょうか。

マルクスは、『資本論』で利潤を追求し消費の制限を無視して生産の拡大にひた走り、人間や自然環境の破壊もためらわない資本主義のシステムをのりこえていく大きな展望を示したと思います。

（2）リービヒとイギリスの公衆衛生

リービヒの発酵理論とイギリスでの影響

リービヒの『農芸化学』は、もともと、一八三七年にイギリスのリバプールで開かれた「ブリテン科学振興協会」の年会への招待を受けたリービヒが、そこで報告したことがきっかけでした。一八四〇年にドイツで刊行されますが、すぐに英語版もでます。二部構成になっていて、第一部が

「植物栄養の化学的過程」、第二部が「発酵、腐敗、分解の化学的過程」でした。この第二部の最後の章が、「毒物、伝染、瘴気《しょうき》」で、イギリスで大きな影響をおよぼした病気理論になります。当時イギリスでは、伝染病がどのように感染を広げるのかについて、悪い空気・臭気を吸い込むという説（瘴気説・ミアズマ説）が主流でした。もう一方には、人と人が接触することによる伝染という説がありました。リービヒは、「伝染病の作用は、化学力に依存する独特の影響の結果であることは確かです」（『農芸化学』英語版　一八四三年　三七九ページ）といっています。ガス状の伝染物質は空気中を伝播し、病気の過程で放出されるガスは、独特の吐き気をもよおすような不快な臭いを放つなどとしていました。そして有機物の腐敗過程が人体にも広がって病気が起きると考えていました。リービヒは、後にも伝染病が細菌によっておこるとする学説に反対していました。まさにミアズマ説の立場に立っており、一八四〇年代から六〇年代にかけて、イギリスでもリービヒの理論が好意的にうけとめられました。

ロンドンの下水道とリービヒの関係

リービヒは、イギリスの公衆衛生とも関係が深く、特にロンドンの下水道とのかかわりが知られています。リービヒは、ロンドン市長に手紙で、ロンドンの下水道が貴重な土壌成分を海に流していると批判し、下水を農業に利用すべきと提言しています。六三ページでも紹介した『衛生報告書』で知られるチャドウィックもリービヒの主張を支持していました。『衛生報告書』では次のリービヒの主張を紹介しています。

「肥料としての糞尿の計り知れない価値を考えると、それを保存するためにほとんど何ら注意が払われていないことは、全く驚くべきである。川の水を汚染する以外何の目的にも役立たないまま、ロンドンの下水管によってテムズ川に放出されるその量は莫大なものである」、「（糞尿を利用すれば――引用者）大部分の窒素のほかに、大部分の燐酸塩をも含む肥料を自給することができるのであり、またもし作物の回転が採用されるならば、それは莫大な収穫となるだろう」（『大英帝国における労働人口集団の衛生状態に関する報告書』橋本正己訳　日本公衆衛生協会　一九九〇年　一四五～一四六ページ）

テムズ川と国会議事堂。1858年の「大悪臭」事件では、テムズ川の臭気がひどく国会が中断した

この問題は、マルクスも注目し、『資本論』第三部第五章「不変資本の使用における節約」第四節「生産の廃棄物の利用」で書いています。

「消費の廃棄物は、人間の自然的な排泄物《はいせつ》、ぼろの形での衣服の残骸などである。消費の廃棄物は、農業にとってもっとも重要である。その使用にかんしては、資本主義的経済においては膨大な浪費が生じている。たとえばロンドンでは、資本主義的経済は、四五

○万人の糞尿を巨額の費用をかけてテムズ川を汚染するために使うこと以上によい処理方法を知らないのである」（⑧一七六ページ）

マルクスが、この問題でのリービヒの主張をつかんでいたことは、一八六〇年の著作『フォークト君』のなかで述べていることからわかります。

「ロンドンのすべての便所は、巧妙に隠された下水道によって、肉体的汚物をテムズ河に排泄する」、「テムズ河の水からはその清らかさを奪い、イギリスの国土からはその下肥を奪うこの無意味な浪費を、リービヒが非難しているのは正当である」（全集⑭六〇五～六〇六ページ）

イギリスでは、下水道の整備がはじまりましたが、排泄物を川に流すだけで（注1）、また川から飲み水を取水（注2）していたので、コレラの感染拡大を招いてしまいます。この問題の解決をどう図ったらいいのか、リービヒやマルクスは日本のシステムに注目していました。

（注1）**屎尿《しにょう》処理のゆくえ――細菌を活用した濾過《ろか》**　一九世紀、イギリスの下水道はコレラの流行をうけて整備は進みましたが、屎尿は、当初、無処理のまま川に流していました。一八八〇年頃から濾過方法の研究がすすめられます。一九一二年マンチェスター市のファウラー博士（マンチェスター大学）が最初に考案した活性汚泥法は、下水に酸化細菌を混入し空気を吹き込み撹拌《かくはん》すれば、下水は浄化されるとするものでした。このことにより、下水は汚泥と水に分離されて、処理されるようになります。この活性汚泥法は、日本でも一九三〇年に名古屋市で導入され、日本の下水処理の主役になっていきます。

（注2）**飲み水の濾過**　イギリスでは、一九世紀初頭に、礫層《れきそう》と砂層を通して水を濾過する方法が発明されました。その後、砂層の表層部に繁殖している微生物の活動を利用して浄水する緩速濾過方式が普及。微生物濾過膜による病原菌の除去は、感染症の拡大を阻止するうえで大きな機能を果たします。一八五二年にはロンドンの浄水設備において濾過が初めて義務化されました。濾過による浄水が普及することにより、伝染病拡大に歯止めがかかりました。

『資本論』では、前述の引用部分に続けて、屑の再利用として日本の農業にふれ次のように述べています。

「一般に、この再利用の諸条件は次のとおりである――大規模作業の場合にのみ結果として生み出されるような廃棄物の大量性。与えられた形態では以前には利用できなかった素材を、新しい生産に役立ちうる姿態に変えるような機械の改良。このような屑の有用な属性を発見する科学、とくに化学の進歩。もちろん、たとえばロンバルディア、南中国、および日本におけるような園芸式に営まれる小農業においても、この種の大きな節約が行なわれている」（⑧一七六～一七七ページ）

ただし、『新版　資本論』⑧の一七七ページの訳注によれば、マルクスの草稿には「日本」はなく、エンゲルスが編集にあたって付け加えたものだということです。

リービヒから学んだ『資本論』での日本の描写

リービヒは、農業における物質代謝の調和がとれている例として、日本の排泄物の農業への再利用について注目しています。その情報源は、『農芸化学』（第七版　一八六二年）に添付されている日本の農業事情を調査した農学者のマローン博士の報告書でした。マローン博士は、プロイセンが一八六〇年に派遣した日本使節団に同行しています。そして彼は一八六二年に「日本農業に関し、ベルリンにおいて農業大臣におこなわれた報告」をあげました。マルクスも、マローン博士の報告書に注目し、抜粋をおこなっています（注）。

（注）マローンについては、不破哲三社会科学研究所長の「マルクスと日本」（『「資本論」探究　全三部を歴史的に読む』〔下〕収録）でも言及されています。

マルクスはエンゲルスへの一八六六年二月一三日の手紙で、リービヒや日本についての旅行記を[5]学んだことを次のように伝えています。

「僕は昼間は博物館に行き、晩に〔『資本論』の地代部分の草稿を――引用者〕書いた。ドイツにおける新しい農芸化学、ことにリービヒやシェーンバインは、この問題にかんしてはすべての経済学者をひっくるめてもそれ以上に重要だ」、「日本についての解明も（平素は僕は、職業上強制されないかぎり、旅行記を読むようなことは概してないのだが）この点では重要だった」（全集㉛一四九ページ）

リービヒは、マローンの報告に刺激をうけ、『農芸化学』で日本の農業をすぐれた例として評価し、紹介しています。

「住民数が大ブリテンよりも多い島帝国日本は、牧草地も飼料作も、グアノ、骨粉、チリ硝石の輸入もなしに、住民のあらゆる食糧を完全に生産しているばかりか、開国以来、毎年少なからぬ量の生活物資の輸出さえしている」、「日本の農業は、経験と観察に導かれて、土地を永久に肥沃に保ち、その生産力を人口の増加に応じて高めていくのに適した、無類の農法を作りあげた」、「日本の農民は輪作の強制については何も知らず、ただ最も有利と思われるものを作るだけである」、「ヨーロッパの農業は日本農業とは完全に対照的であって、肥沃性の諸条件に関しては耕地の略奪に頼りきっている」（吉田武彦訳　前掲書　七一～七二ページ）

この点に関わるマローンの記述を、マルクスの抜粋からみてみましょう。

「イギリスとは対照的に、牧草地も飼料栽培も、一群の家畜（役畜や肉畜）もなく、最小限のグアノ、骨粉、硝石あるいは油粕の輸入もない……日本はより高い文明をもつ国」（天野光則「マルクスの『日本研究』の典拠について」『マルクス抜粋ノートからマルクスを読む』桜井書店　二〇一三年　三二五ページ）

「日本人は、肥料なしにはいかなる穀物も栽培しない。日本人は、それぞれの播種あるいはそれぞれの植付にたいしてただ完全なる成育に要するだけの肥料しか与えない。『休閑』は日本人には知られていない。彼らは毎年の肥料生産物を耕地の全面積に分配しなくてはならない。このことが可能なのは連作と施肥によってだけである。われわれの長い敷き藁きゅう肥と施肥すべき畑地の全面への浪費とは、このような合理的なやり方と著しい対照をなしている。都市の肥料がまったく処理されず、あるがままに、朝に夕に、価値ある物質に満ちた桶を満載して都市の水路を行き交い、国の隅々まで恵みを配分する。これは公式の肥料郵便である。……朝には土地の作物を都市に運んだ農村の人夫の長い列が、夕方には固形の形状ではなく、新鮮な混合物である肥料を二つの肥桶で担いで行く。しばしば五〇から六〇マイルもある内陸の工芸作物（絹、油、漆器など）を運んできた荷馬車のキャラバンは、今度は帰りに固まった排泄物だけを選んではかごや桶に積んで行く」（同三二七ページ）

マローンの報告書がリービヒやマルクスの情報源になっていることがわかります。人間と自然との物質代謝の攪乱をのりこえるひとつの具体例として参考にしていたのです。なお、次ページの図は、江戸時代の都市の人間の排泄物を農村で肥料として活用する、物質の循環を描いています。

マルクスの注目――日本の排泄物処理は清潔

さらに『資本論』には、マルクスが日本のトイレ事情について言及した箇所があります。

前章で紹介したハンター医師の『公衆衛生　第七次報告書』の論文を引用して、イングランド全州の農村労働者の〝小屋〟を紹介しているところに、日本がでてきます。

ハートフォードのある小屋は、便所がないので、「家族の者は用便のために彼らの貸与地に行く

「江戸時代と持続可能な社会のシステム」
（環境省『2008年版　環境／循環型社会白書』

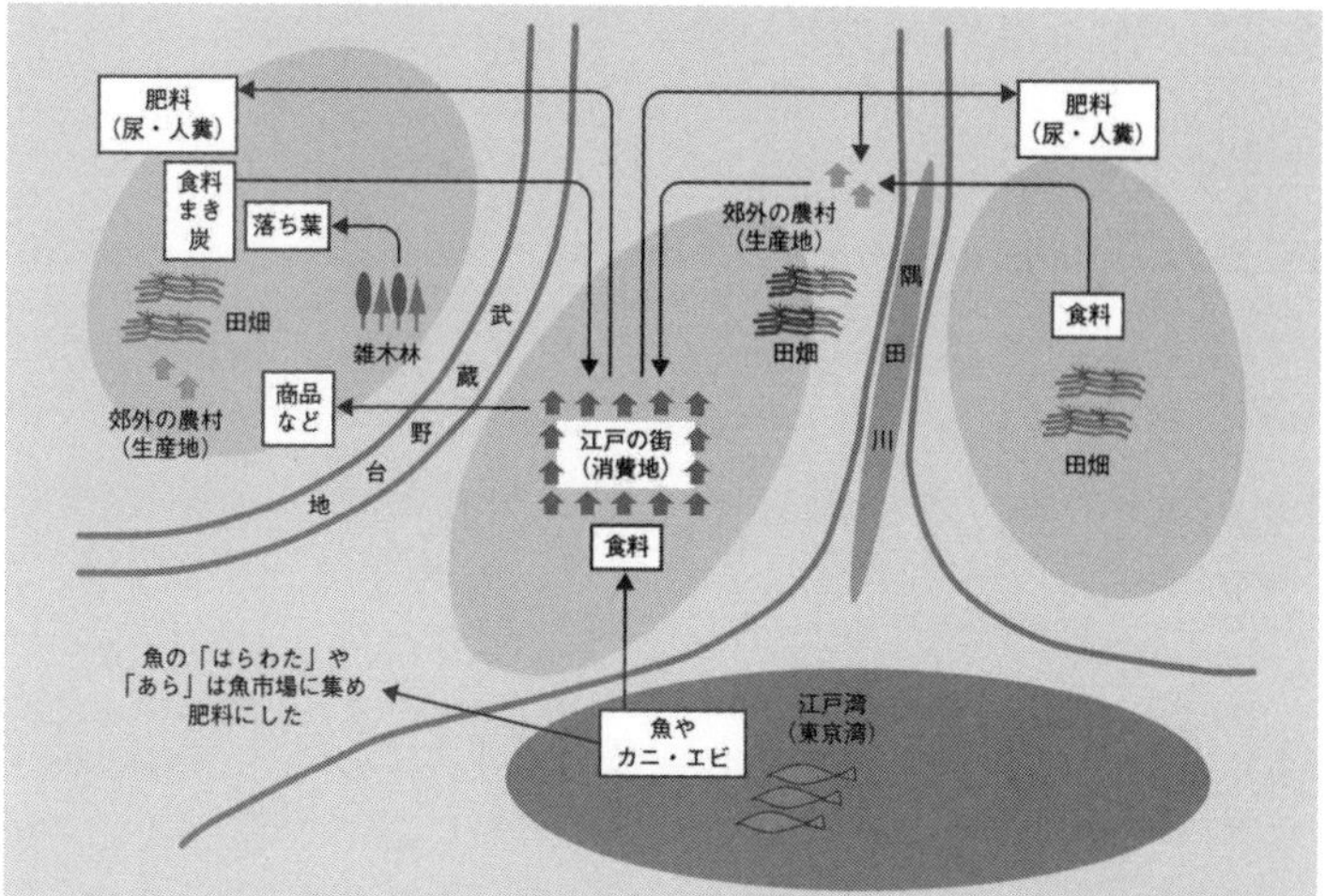

資料：『江戸の野菜　～消えた三河島菜を求めて』（野村圭祐著）より環境省作成

か、さもなければ、言及するのは恐縮であるがここで実際に行なわれているように、たんすの引き出しで用を足さなければならない。引き出しがいっぱいになると、それが抜かれて、その中身が必要とされている場所に空けられる。日本では生活諸条件の循環はもっと清潔に行なわれている」（④一二〇一ページ）

　ハンターが日本について言及したのかと思い、『第七次報告書』の該当部分を読んでみましたが、日本の記述はありませんでした。まさにマルクスが、ここで日本のトイレ事情が清潔なことを紹介したいと思い、書き込んだのでした。では、マルクスは、日本の事情をどうやって知ったのでしょう。マローンの報告書からマルクスが抜粋したところを読むと、ここから知ったと推測がつきます。

　「日本人は、排泄物を下の容器に導くよ

うに入口に向かって斜めに伸びている、簡単な長方形の穴にしゃがんで糞をする（家屋の閉め切った部分）。……最下層の最も貧しい田舎の住民でさえまったく清潔である」（前出の天野論文三一四ページ）

「農民は自分の小耕地が公道や小径、境界石に接するあらゆるところで、その境にこのような大桶や壷を埋め込み、通りすがりの公衆にその使用を心底願っている。……空き地のどこにも人間の排泄物の痕跡すらない」（同　三一五ページ）

イギリスでは、こうした排泄物の処理が十分なされていないことが、飲み水にも影響し、コレラの感染拡大につながっただけに、日本のシステムは研究に値しました。マルクスが、ここまで江戸時代の農業や排泄の事情を知っていたことに、あらためて驚かされます。マルクスの物質代謝の研究に、日本（注）の情報が役立ったことがわかります。

（注）『資本論』では、『公衆衛生報告書』とのかかわりで、もう一カ所日本についての記述があります。前章で第一部第一三章の説明で紹介した〝ぼろ〟の輸入先として日本を紹介しているところです（③八一一ページ）。『公衆衛生　第八次報告書』の付録についているブリストウ博士の論文「ぼろ貿易が伝染病の蔓延に与えた影響についての調査に関する報告」の冒頭に、ぼろは日本から輸入していると書かれていました。

第一二章　マルクスの細菌学への関心と公衆衛生の発展

（1）マルクスのパスツールへの関心――感染症の原因としての微生物

ジョン・スノウの研究によって、コレラの感染は、コレラ毒に汚染された水を飲んだり、食べ物をとることによって広がるということが明らかになってきましたが、そのコレラ毒は何か、その正体をつかむには、細菌学の発展が必要でした。

細菌の存在を証明したのは、フランスのパスツール（一八二二―九五）で、一八五六年からワインの腐敗原因を調べるなかで、酵母という微生物（注）の存在が発酵に関与していることを明らかにしました。一八六一年に『自然発生説の検討』を著し、従来の生物が親無しで無生物（物質）から生まれるとする自然発生説を否定しました。発酵現象を理解することによって、伝染病も細菌の関与を想定すれば、説明できる条件が整ってきました。

（注）**微生物**　「微生物」は、肉眼にみえない「小さい生物」の総称です。寄生虫、カビ、酵母、細菌、ウイルスなど多くの種類があります。ウイルスは、細菌の五〇分の一程度の大きさです。

ウイルスは、必ずしも生物とは言い切れないという点で、他の微生物と大きく異なります。細菌は、水分、温度、汚れ（有機物）がそろった環境があれば自分だけで増えていくことができます。一方、ウイルスは自分だけでは増えることができません。宿主となる細胞に入り込まなければ、増殖することができない特徴をもっています。

マルクスは、このパスツールの研究に注目して、エンゲルスへの手紙にしるしています。

「ラファルグ〔マルクスの次女の夫――引用者〕が僕に語るところでは、ロバンを先頭とする微生物生理学者たちのフランスの新しい学派全体がパストゥールやハックスリなどに反対して偶然的発生に賛成している、とのことだ。彼はこれについていくつかの新しい文献を僕に知らせてくれるだろう」（一八六六年六月九日　全集㉛一八八～一八九ページ）

ロバン（一八二一―一八八五）とは、フランスの生物学者です。パスツールが偶然発生説（自然発生説）を否定したことに、反対しているとのことです。マルクスはこの問題を考えるために、「いくつかの新しい文献」を読みたいので手に入れる手配をしていたといういきさつを語っています。マルクスはパスツールの『自然発生の検討』を読んだのかもしれません。

パスツールの研究によって、伝染病は微生物・細菌が病原体である可能性を示唆したことになります。リービヒは、発酵は化学反応と考え、微生物の媒介を否定していました。リービヒもパスツールの研究の成果が優勢になってきたことをふまえ、『農芸化学』の第七版（一八六二年）からは、前述した第二部「発酵、腐敗、分解の化学的過程」を削除しています。

イギリスの外科医ジョゼフ・リスター（一八二七―一九一二）は、外科手術をすると、かえって術後に起きる敗血症によって患者が死亡する確率が高いことに悩んでいました。リスターはパスツールの研究に刺激を受け、敗血症の原因となる傷口の化膿が細菌によって起こることに気づき、手術に石炭酸（フェノール）を用いて、死亡率を激減させる、画期的な発見（一八六七年）につながりました。

どの細菌が、どういう病気と関係しているのか――いよいよ研究は、ここに向かいます。

（2）マルクス、コッホの細菌学を学ぶ

コレラ菌は、ドイツの医師・細菌学者のロベルト・コッホ（一八四三―一九一〇）によって、一八八三年に発見されました。コッホは、一八八二年に結核菌を発見、その翌年にコレラ菌の発見（注）と続きます。コレラ菌が飲み水を通して感染拡大していくメカニズムがはっきりしました。

（注）**コレラ菌の発見**　コレラ菌の最初の発見者は、イタリア人医師フィリッポ・パチーニです。彼は、一八五四年にコレラ患者の糞便に大量の細菌が存在することを発見し、これがコレラの発生源だとして、イタリアの学術誌に発表しました。しかし、当時はまだ細菌が病原体であるとの考えは証明されていなかったこともあり、ヨーロッパの学者は注目しませんでした。その

後、一八七六年にコッホが炭疽《たんそ》の病原体が炭疽菌であることを証明し、細菌病原体説が確立します。そのうえでコッホは、コレラの発生源としてコレラ菌をつきとめたのです。コッホによって学名「Vibrio comma」が与えられました。しかし、パチーニの発見は後に再評価され、この病原菌には彼が付けた「Vibrio cholerae」という学名が冠されました。

コッホ来日（1908年）記念碑（神奈川県鎌倉市・鎌倉海浜公園稲村ヶ崎地区）

コッホに直接学んだ日本の研究者に北里柴三郎（一八五三―一九三一）がいます。北里は、一八八五年、日本ではじめてコレラ菌の分離、純粋培養に成功し、その業績が認められ、一八八六年から一八九一年までコッホの下に留学しました。日本を代表する細菌学者として伝染病対策で活躍します。一九〇八年、コッホは北里の招きで来日しています（写真）。

マルクスもコッホの研究に注目していたようです。一八八二年五月のエンゲルスへの手紙に次のように知らせています。

「〔ドクトル・クーネマンとの――引用者〕出会いは五月八日におこなわれた。彼は科学的な（医学的な）教養を身につけたエルザス人だ。たとえば、君の手紙を受け取るよりまえに、細菌につ

いてのドクトル・コッホの説を教えてくれた」（五月二〇日　全集㉟五一ページ）

マルクスは転地療養をしているときに、治療にあたったドイツ人のクーネマン医師からコッホの細菌学の説明を受けたとあります。コッホはこの年の三月二四日、ベルリン生理学会で結核菌の発見を発表していたので、そのことが話題になったと推測できます。また、この文にあるエンゲルスの手紙は発見されていませんが、二人の間でもコッホの学説について話題にしていたことが推測できます。マルクスとエンゲルスは、感染症の仕組みの当時の最新の知見をつかんでいたのではないでしょうか。

コラム　マルクス、医師と間違われる

マルクスは、晩年の一八八一年から亡くなる八三年まで、慢性の呼吸器疾患、肋膜炎《ろくまくえん》などに悩まされ転地療養のために、フランス、北アフリカのアルジェ、モナコ、スイス、イギリスのヴェントナーなどに滞在します。マルクスが一八八二年五月、フランスとイタリアの境に近い小国モナコ公国のモンテ・カルロで療養しているとき、前述のクーネマン医師の診療をうけます。この時、クーネマンが、マルクスを医師と勘違いしたエピソードが残っています。

「最初、彼は、僕が彼の女中をつうじて彼に届けさせた僕の名刺にドクトルと書いてあるのを見て、僕が医学のドクトルであるかのように推測した」（マルクスからエンゲルスへ　一八

八二年五月二〇日　全集㉟五二ページ）。

しかも、クーネマンは、マルクスを医師と思ったまま、診察の結果を説明したり、前述のようにコッホの細菌学の説明をします。疑うこともなく会話が続いたようです。

「『医学上の』同僚としての僕の資格についてのドクトル・クーネマンの思い違いは、彼が最初の訪問のさいについに支払いを受け取るのを拒絶したときに、判明した。僕がしろうとであり、したがってまた『支払い』もしなければならない、ということが彼に知らされたときには、ますます愛想がよくなった」（同五三ページ）

エンゲルスへの手紙の最後に、顚末が書かれていますが、マルクスも医師と間違えられたことに、まんざらでもなかった書きぶりです。マルクスの医学、医療上の知識は、医師が同僚の医師と間違うほど豊富にあったことをうかがわせるエピソードです。

（3）ロンドン国際医学大会（一八八一年）――病原菌説の定着へ

一八八一年八月、ロンドンで国際医学大会（第七回）が開催されました。これまで本書で注目してきたイギリスのジョン・サイモン、フランスのパスツール、ドイツのコッホがそろって参加しています。この大会は、感染症の病原菌説が定着する第一歩の重要な大会として知られています。

パスツールは、病原菌説を前面に押し出した基調講演（「鶏コレラと炭疽病に関連する予防接種について」）をおこない、コッホは細菌培養の供覧実験をおこないます。国家医学（公衆衛生）部門の座長を務めるジョン・サイモン（注）は、部会の開会講演をおこなっています。サイモンはこの講演で、パスツールの発酵や腐敗の研究を挙げ、こうした科学的知識が感染症の予防、治療に生かされる時がきていると語りました。エンゲルスが、このサイモンの講演録を読み、大変注目したことは、第一〇章でふれました。またイギリスからはリスターも参加し、化膿防止法が大きな注目を集めました。

国際的な医学の流れは、コレラのような世界的流行病の克服が国益の重要課題になり、病原菌を明らかにし、ワクチン開発にむかっていきます。

（注）**ジョン・サイモンの社会主義への注目**　ジョン・サイモンは、一八九〇年にイギリスの公衆衛生の歴史の集大成ともいえる『イギリスの衛生制度』を出版します。「結論」の最後の項目が、「進歩の条件――成長するプロレタリアートの自助と社会主義的義務感の高まりの中で」となっています。サイモンは、個人が衛生知識をもつことを重視するとともに、水道会社が営利のために汚染水を供給してコレラ感染を広げ、大量の死者が出たこともふまえて、行政が適切な行動をとらないと、個人は自己の健康を確保できないと述べています。プロレタリアートは、労働組合や協同組合の取り組みで自助努力を高めているとみています。そしてイギリスでは社会主義の影響力が増しており、社会的救済の機能は真の知識の基礎から行使されていくようになると、社会主義への期待を表明していました。

コラム　国際衛生会議——検疫をめぐり、科学か、経済か

　コレラは、国境とは関係なく広がる感染症なので、その予防策も多国間の協力によらなければなりませんでした。一八五一年、パリで第一回の国際衛生会議が開かれ、ヨーロッパ諸国を中心に、感染予防や検疫のルール作りが話し合われます。それからが難航しますが、一九〇三年の第一一回会議で、国際衛生条約が締結され、領域内で特定の感染症が発症した際には互いに通知する義務、感染している船や人に対する共通の対処法などが定められました。

「検疫」はイタリア語では「四〇日」という意味ももった言葉です。これは一四世紀にペストがはやったときに、船内に感染者がいないことを確認するため、疫病の潜伏期間に等しい「四〇日間」船を停泊させる法律をつくったことに由来しています。自由貿易が活発になった一九世紀になると、検疫短縮の声が強まってきます。この調整が求められていました。

　会議が開催されはじめた当時は、コレラの正体がわからない時期だったので、自由貿易の発展のため検疫を縮小したいイギリスは、ミアズマ説の病因論にたって、人の移動に制限を加えるのでなく、衛生改革を重視した発言になります。しかし、衛生改革は上下水道の整備などお金も時間もかかるものであり、財政力のあるイギリスのような国でないとすぐには実行できません。大陸諸国は、当面の検疫を重視します。病因論でも、接触感染の立場にたちます。

　しかしコレラはイギリスの植民地インドが発生源ということが明らかになっていき、イギリ

スの責任が問われます。イギリスはこの認識に抵抗します。またイスラム教の聖地メッカ巡礼が感染拡大を起こしていたとして、紅海の巡礼者の航行も焦点になります。そして一八六九年には地中海と紅海を結ぶスエズ運河が開通し、インドとヨーロッパの貿易が活発になると、一段と感染拡大の危機感が広がりました。感染症対策として、伝染経路の遮断のための検疫重視か、衛生状態を改善して罹患を防ぐことを重視するのか対立し、医学上の研究の進展だけでは、対立はなかなか解決しませんでした。コッホによるコレラ菌の発見がされても、イギリスはコッホの研究の不備を指摘し、ドイツ政府はコッホの研究を支援し擁護するという状況も生まれます。こうした議論をふまえ、情報共有の重要性は共通認識となっていき、検疫の世界標準が国際衛生条約によって確立されました。

科学を重視した対策か、政治、経済を軸に考えるのか、衛生問題での国際的なルール作りにおいて、この緊張関係は続いていきます。

（4）マルクスの葬儀に参加した動物学者レイ・ランケスター

マルクスは一八八三年三月一四日に亡くなり、三月一七日に葬儀がおこなわれます。出席者が二〇人程度の慎ましいものでした。また進化論で知られるダーウィンは、マルクスの亡くなる約一年前の八二年四月一九日に亡くなっています。この両人の葬儀に参加したのが、ダーウィンの弟子でもある動物学者のレイ・ランケスター教授（一八四七―一九二九）でした。

エンゲルスは、葬儀の弔辞で「ダーウィンが生物界の発展法則を発見したように、マルクスは人間の歴史の発展法則を発見しました」（全集⑲三三一ページ）と述べていますが、レイ・ランケスターを意識しながらダーウィンに触れたのではないでしょうか。

レイ・ランケスターの名に多くの人はなじみがないと思います。彼と探偵小説『シャーロック・ホームズ』の原作者コナン・ドイルとは友人関係でした。ドイルのチャレンジャー教授シリーズのSF小説『失われた世界』は、モデルの一人がランケスターではないかといわれています。文中でもチャレンジャー教授が「書架から一冊の本を取り出した。『これは才能豊かなわが友人、レイ・ランケスターによる素晴らしい論文だ！』」（創元SF文庫　二〇二〇年　五八ページ）と、実名を書き込んでいます。

マルクスとレイ・ランケスターは、一八八〇年頃には知り合っていたと思われます。この頃三〇歳代のレイ・ランケスターをエンゲルスには手紙で「友人」と紹介しています。知り合ったきっかけが気になりますが、よくわかっていません。[6] そのレイ・ランケスターが紹介したドンキン医師が、マルクスの妻イェニー（一八八一年一二月二日死亡）の末期の治療にあたり、マルクスの最後の治療にもあたります。

エンゲルスが、マルクスが亡くなったことを友人のゾルゲにあてた手紙でふれています。

「先週の金曜日には、彼の主治医〔ドンキン――引用者〕、ロンドンの一流の若手医師のひとりで彼のためにとくにレー・ランケスターが紹介してくれたその医師は、われわれにきわめて輝かしい希望を抱かせた。しかし、たった一度でも肺組織を顕微鏡で検査したことのある人ならば、肺膿瘍《はいのうよう》の場合にそのうち血管壁が破れる危険がどんなに大きいか、ということがわかるのだ」（全集㉟四〇一～四〇二ページ）

レイ・ランケスター、ドンキン医師は、マルクス家を訪ね、よく交流をしていました。マルクスはランケスターの『退化　ダーウィニズムの一章』（一八八〇年）という著作を読んでいたようです。ランケスターも『資本論』を読んでいました。ダーウィンの進化論が話題になったり、相互に啓発されることはあったでしょうか。ランケスターが一八八三年におこなった王立協会での講演「生物学と国家」では、パスツールやコッホに触れ、病気の原因としての細菌の存在を語っているので、同様の見解は、ランケスターからマルクスにも伝わっていたかもしれません。

レイ・ランケスターは、『季刊顕微鏡科学ジャーナル』の編集長も務め、微生物研究にも力をつくします。また大英博物館自然史館（現ロンドン自然史博物館）の館長（一八九八～一九〇七年）としても活躍します。マルクスが亡くなった後になりますが、レイ・ランケスターは、一八八七年にフランスのパスツール研究所を訪れ、パスツールと研究仲間になります。そして、狂犬病ワクチンの共同開発にあたります。マルクスがもう少し長く生きていたら、レイ・ランケスターを通して、パスツールの見解にふれられたかもしれません。

レイ・ランケスターの父エドウィン・ランケスターは、前述したように、ジョン・スノウの理論をふまえコレラ対策に力を尽くし、『資本論』第八章「労働日」に出てくる婦人服仕立て工のメアリーの過労死の調査にあたった医師です。マルクスとレイとの会話のなかで、レイの父親のこと、コレラや細菌学のことが話題になったこともあったのではないでしょうか。

マルクスが、こうした自然科学者との親しい交流を晩年に持っていたこともわかり、感染症のメカニズムについての知的探究がつづいていたのではないかと考えられます。

コラム　一九世紀の日本——コレラ感染対策

一九世紀のコレラ・パンデミックは、日本ではどうだったのか。特にヨーロッパではコロナの対策がさまざまに試行されますが、その影響が日本にどうおよんだのか、気になるところです。日本にコレラが侵入したのは一八二二年ですが、幕末を迎えた一八五八年に二度目の流行にあいます。この頃に日本は一八五三年のペリー来航を経て、欧米との交流が強まっていきます。一八五七年から長崎では、西洋医学の体系的な教育の導入がはじまり、オランダの軍医ポンペ（一八二九—一九〇八）が指導していました。五八年に長崎でコレラが流行した際、ポンペは、解熱剤のキニーネや、腸の運動を抑えるモルヒネを使ったコレラ治療を行い、患者の生存率を飛躍的にあげたといわれます。

明治になり岩倉使節団に参加し欧米の公衆衛生を視察してきた長与専斎《ながよせんさい》によって、「衛生行政」が導入されます。一八七九（明治一二）年の全国的な流行を機に、「虎列刺（コレラ）病予防仮規則」が制定されます。一八九七（明治三〇）年、コレラなどの対策をふくめた「伝染病予防法」が制定され、一九九九年に、「感染症法」に発展解消されるまで、機能しました。

江戸時代末期には、横浜などの開港（一八五九年）がはじまります。横浜を例にとって、コレラ対策の欧米との接点をみてみましょう。横浜は、明治に入ってからも、外国人が多く居住し貿易港として発展していきます。そこには、欧米の医師の活躍やヨーロッパのコレラ対策をふまえた予防策が導入されていきます。コレラ対策の先進地域ともいえます。

明治に入り西南戦争（一八七七年）が終わり、コレラに感染した兵士が全国に戻ることによって、コレラが大流行します。このとき横浜で活躍したのがアメリカ人シモンズ医師（一八三四―一八八九）でした。十全医院に勤務していましたが、コレラ対策の総指揮をとり、その功績が高く評価されています。横浜居留地の外国人は、母国でコレラが不衛生によって広がってい

横浜の下水道整備に貢献したブラントンの胸像（横浜公園）

横浜の上水道建設に貢献したパーマーの胸像（野毛山公園）

明治期におけるコレラ患者数及び死亡者の推移
（2014年版厚生労働白書）

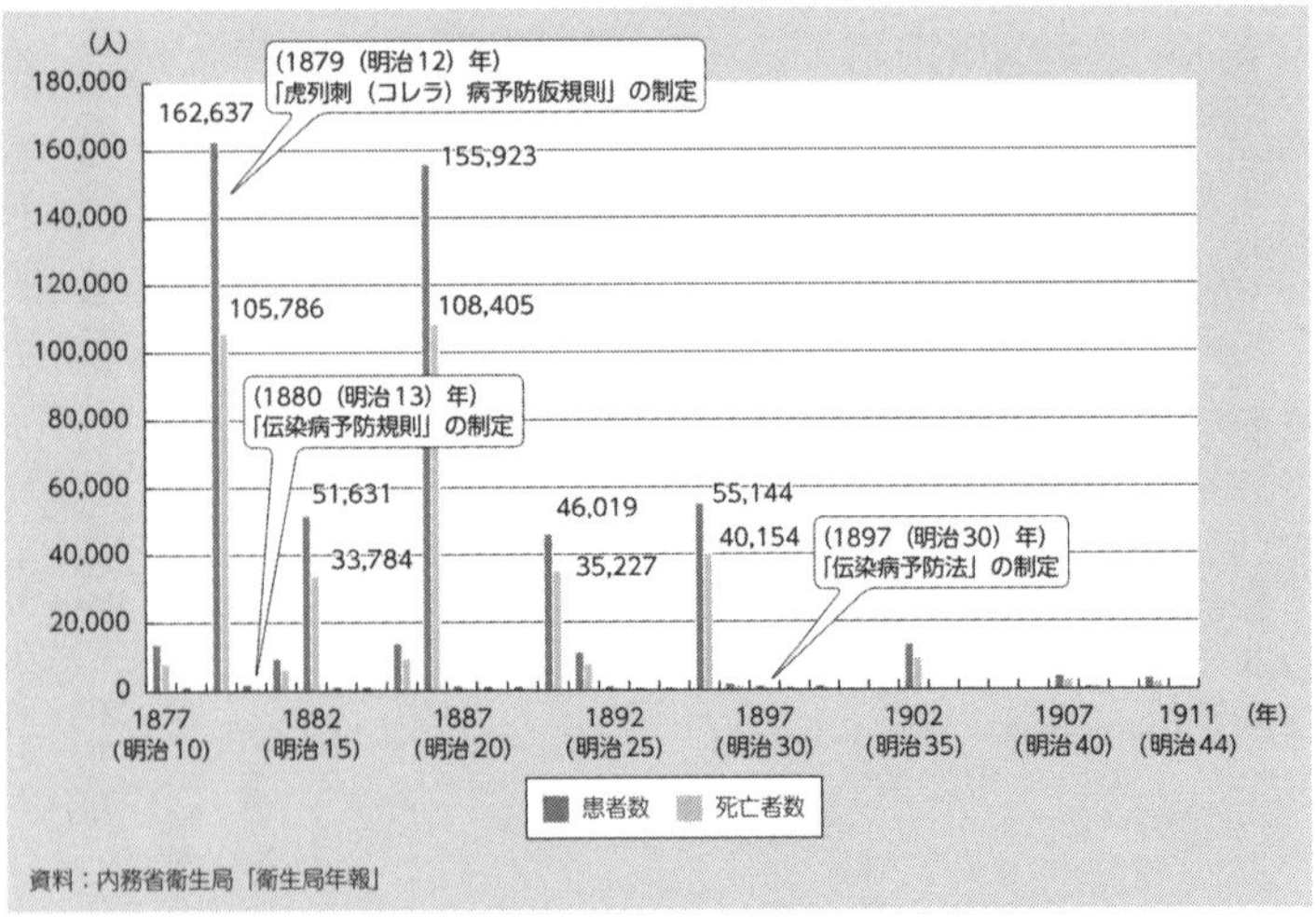

たことを知っていたので、下水道の整備を求めていました。英国人ブラントン（一八四一―一九〇一　前ページの写真）によって下水道の整備が進められ、一八七一年に完成します。その後、横浜の発展にあわせて、下水道の整備がすすめられました。

次に、安全な飲み水の確保が求められます。当初、居留地の井戸は塩辛く、臭気をおびていました。英国人パーマー（一八三八―九三　前ページの写真）が顧問になり、一八八七（明治二〇）年、日本初の近代水道が相模川を水源にして完成し、給水を開始しました。

日本の産業も発展し、ヨーロッパでみられた都市問題が発生し、コレラが感染拡大する条件も生まれますが、一方で、欧米での経験にも学び、医療、上下水道、検疫などの整備、近代化がすすめられて、二〇世紀にはいるころにはコレラ大流行はおさえられるようになりました（図）。

第二部の結びにあたって

コレラ・パンデミックは、一九世紀を生きた人々にとって大変な恐怖を与えました。パンデミックは、突然たくさんの方が亡くなるのでショックを伴いますが、時として社会をよくしようとする人々の努力が結集され、社会変革の先駆けになることもあります。コレラ・パンデミックは、公衆衛生の発展、コレラの感染拡大のメカニズムの発見、治療法の開発、都市の改造、上下水道の整備、検疫の充実が推進されるなど、一世紀におよぶ人類の打開への探究と模索がありました。コレラ・パンデミックは一九世紀の時代を反映したものでした。

マルクス、エンゲルスのかかわりを、『イギリスにおける労働者階級の状態』と『資本論』を手がかりに見てきました。彼らも同時代を生き、産業革命後の社会の変化の中で、貧困と不衛生な生活環境のなかであえぐ労働者階級が感染症に直撃されていることを見抜き、するどく告発し、改善を提起しました。コレラ感染は階級を選ばず感染を広げるので、ブルジョアジーなどの支配勢力も、公衆衛生を発展させざるを得なくなると指摘しました。しかも、労働者階級のたたかいがないと、中途半端に終わることもあきらかにしています。さらに、資本主義の利潤第一主義では、格差と貧困を広げ、労働者の健康は根本的には勝ちとれないので、資本主義を乗り越える未来社会の展望もしめしました。

そして、両人ともに、医学、自然科学の先駆的な研究の成果をどん欲に学んで吸収し、それを生かすことを探究しました。そのことにより、彼らの提起が思いつきでなく、道理がある指針になったと思います。

一九世紀のコレラ・パンデミックに光をあてて、彼らの文献をひもといてみると、あらためて気づかされる発見があったのではないでしょうか。マルクス、エンゲルスは、資本主義の告発者として知られますが、感染症と社会のあり方をしっかりと観察し、感染症の流行も資本主義の利潤第一主義と切り離せないことを明らかにしました。

人類の感染症とのたたかいは終わることを知りません。一九七〇年以降に新たに認識されるようになった、公衆衛生上問題となる感染症を「新興感染症」と呼びますが、エボラ出血熱、エイズ、SARS（重症急性呼吸器症候群）、MERS（中東呼吸器症候群）など三〇以上が確認されています。

米国医学研究所（現・全米医学アカデミー）が二〇〇三年に出した報告書（「健康に対する微生物の脅威」）では、近年の感染症が出現する要因を13項目あげています。そのうち「微生物の適応と変化」以外は、「国際的な旅行と流通」、「貧困と社会的不平等」、「戦争と飢餓」など、人間に関わりがあるものばかりです。感染症の感染拡大を考える際に、社会や地球規模での人間の活動を総合的に考える視点が大事なことを示唆していると思います。

感染症と社会のあり方を問う視点をしっかり持ちたい。そのためにも、社会をとらえる際に利潤第一主義の資本主義を根本からとらえる視点が、これからも求められてくると思います。

二一世紀に生きる私たちは、新型コロナをはじめ新たな感染症に直面しています。どう立ち向かうのか、私たち自身の課題です。その指針を、科学的社会主義の古典からも豊かに学びとっていきたいとの思いを強めました。

注解

（1）マルクス＝エンゲルス全集⑦五五四～五七〇ページ参照／ローズマリー・アシュトン『ロンドンのドイツ人　ヴィクトリア期の英国におけるドイツ人亡命者たち』御茶の水書房　二〇〇一年

（2）A・ブリッグス『マルクス・イン・ロンドン　ちょうど100年前の物語』社会思想社　一九八二年　五六～五七ページ

（3）籠谷次郎「死者たちの日清戦争」大谷正・原田敬一編『日清戦争の社会史――「文明戦争」と民衆』フォーラム・A　一九九四年

（4）同様の内容が「イギリスの軍隊」「ニューヨーク・デイリー・トリビューン」一八五五年四月一四日付（全集⑪一六二ページ）に掲載されている。

（5）マルクスが読んだ日本関係の旅行記については、『新版　資本論』④一二五二ページの訳注＊5に解説があり、文献名が紹介されています。

（6）Lewis S. Feuer, *The Friendship of Edwin Ray Lankester and Karl Marx: The Last Episode in Marx's Intellectual Evolution*, Journal of the History of Ideas 40(4), pp.633-648, 1979. ルイス・フォイヤーは、考古学者のヴァルトシュタインを介して二人が知り合ったと推測しています。

あとがき

本書は、日本共産党中央委員会発行の『月刊学習』二〇二二年七月号から一二月号までの「古典から学ぶ　コレラ・パンデミックとマルクス、エンゲルス」と題した六回の連載を、整理、加筆したものです。この連載は、医学生向けの古典の学習会で講義した内容がもとになっていました。

今回とりあげたマルクス、エンゲルスの二冊の文献との著者の出会いは、思いかえせば、大学三年生の時でした。

エンゲルスの『イギリスにおける労働者階級の状態』は、「都市の思想」をテーマにした演習の授業での、発表に生かしました。実は内容は今ほどつかめていなかったのですが、自分たちと同世代のエンゲルスがこんなすごい本を書いていたんだと熱弁をふるいました。

『資本論』も一人で読み始めたのが、三年生のときでした。価値論のところはさっぱりわからなかったのですが、そこで挫折せず、第八章の「労働日」にたどりつきました。工場法の制定による労働日の制限をめぐる資本家階級と労働者階級のたたかいの描写にとても感動し、「こんな面白い本はない。生涯、『資本論』とつきあっていこう」と熱い決意をして、今にいたっています。特に、一三四ページでもふれたメアリー・アン・ウォークリーの過労死の場面は印象に残り、彼女の名前は記憶に残りました。今回、彼女の職場をめぐって、医師のレポートに目を通すことができ、その後の職場の改善のために手が打たれたことがわかり、それを叙述できたことは感慨深いです。

医学生のみなさんに、科学的社会主義の古典を味わってほしいと、いろいろ下調べしたことが本書の成り立ちにつながりました。医学生が大学で学ぶ医学、医療と、科学的社会主義の接点を深めることによって、学問と科学的社会主義の発展への興味をよりいっそうもってもらえないかとの思いをこめました。その中で、私自身、興味をもったコレラ・パンデミックの探究が、非常にわかりやすい接点だと感じていました。そして、コレラの感染ルートをあきらかにし疫学の発展に大きく貢献した医師ジョン・スノウが、マルクスの住んでいた地域で活躍していたことを知り、どうしてもその現場を見たくて、二〇一七年にフィールドワークをおこないました。その後も、コレラとマルクスやエンゲルスのかかわりをひもといていきましたが、それが、今日の新型コロナ・パンデミックと重なり合うことになるとは、予想もできないことでした。

マルクス、エンゲルスの感染症の分析にひきつけられるのは、資本主義の弊害の告発と結びついているところです。資本主義を根本からとらえて、未来社会の展望を示したマルクスたちの解明は、パンデミックを分析する際にも、とても役立つ視点だと確信します。

本書は、私としては初の書籍となります。『月刊学習』の酒井雅敏編集長は、私が講師をつとめた青年・学生との学習会を取材し、そのなかから「コレラ・パンデミックとマルクス、エンゲルス」の連載を実現していただきました。謝辞を申し上げたい。この連載を読んでいただいた読者の方々から寄せられた感想、激励が書籍の実現へ後押しになったのは間違いありません。そして出版のお世話をいただいた新日本出版社の角田真己社長に、心から感謝を申し上げます。

イギリスでのフィールドワークは大変勉強になりました。成果を本書に生かしています。お世話になった富士国際旅行社やガイドの皆さんにお礼を申し上げます。

最後に、マルクス、エンゲルスの古典を学びあった医学生のみなさんは、多くは今、医療現場で医師として活躍されています。働き始めた医療現場では、新型コロナで大変な苦労をされたと思います。みなさんと学びあった学習会はとても楽しいものでした。本書は、医療者のみなさんの力になるようにとの思いをこめて書き上げました。

マルクス、エンゲルスがコレラ・パンデミックをどうつかみ、挑んだのかは、コロナ禍を生きる私たちを引きつける題材だと思います。本書が、みなさんの知的関心に少しでもこたえることができたなら、幸いです。

参考文献（本文、注で紹介した文献は除く　出版年順）

コレラ、感染症関連

見市雅俊・他『青い恐怖　白い街　コレラ流行と近代ヨーロッパ』平凡社　一九九〇年
柿本昭人『健康と病のエピステーメー　十九世紀コレラ流行と近代社会システム』ミネルヴァ書房　一九九一年
見市雅俊『コレラの世界史』晶文社　一九九四年
酒井シヅ編『疫病の時代』大修館書店　一九九九年
デイビッド・ウォルトナー－テーブズ『排泄物と文明　フンコロガシから有機農業、香水の発明、パンデミックまで』築地書館　二〇一四年
Amanda J. Thomas, *Cholera : The Victorian Plague*, Pen & Sword History, 2015.
西迫大祐『感染症と法の社会史　病がつくる社会』新曜社　二〇一八年
飯島渉『感染症と私たちの歴史・これから』清水書院　二〇一八年
詫摩佳代『人類と病　国際政治から見る感染症と健康格差』中公新書　二〇二〇年
小田中直樹『感染症はぼくらの社会をいかに変えてきたのか　世界史のなかの病原体』日経BP　二〇二〇年
友寄英隆『コロナ・パンデミックと日本資本主義　科学的社会主義の立場から考える』学習の友社　二〇二〇年

John Bellamy Foster, *The Return of Nature: Socialism and Ecology*, Monthly Review Press, 2020.
マリー＝モニク・ロバン『なぜ新型ウイルスが、次々と世界を襲うのか？　パンデミックの生態学』 作品社　二〇二一年

一九世紀のイギリス、ドイツ、フランスの衛生状態

W. Luckin, *The Final Catastrophe: Cholera in London, 1866*, Medical History, 1977.
角山榮、川北稔編『路地裏の大英帝国　イギリス都市生活史』 平凡社　一九八二年
脇村孝平『飢饉・疫病・植民地統治　開発の中の英領インド』 名古屋大学出版会　二〇〇二年
金子光男『汚水処理の社会史　19世紀ベルリン市の再生』 日本評論社　二〇〇八年
Jennifer L. Boxen, *"A Spirit of Benevolence": Manchester and the Origins of Modern Public Health, 1790-1834*, Florida Atlantic University, 2013.
大森 弘喜『フランス公衆衛生史　19世紀パリの疫病と住環境』 学術出版会　二〇一四年
リー・ジャクソン『不潔都市ロンドン　ヴィクトリア朝の都市浄化大作戦』 河出書房新社　二〇一六年
小川眞里子『病原菌と国家　ヴィクトリア時代の衛生・科学・政治』 名古屋大学出版会　二〇一六年
ディヴィッド・アーノルド『身体の植民地化　19世紀インドの国家医療と流行病』 みすず書房　二〇一九年

エリザベス・ギャスケル

エリザベス・ギャスケル『メアリー・バートン　マンチェスター物語』近代文芸社　一九九九年

松岡光治編『ギャスケルで読む　ヴィクトリア朝前半の社会と文化　生誕二百年記念』溪水社　二〇一〇年

『イギリスにおける労働者階級の状態』の解説

浜林正夫ほか『古典入門　エンゲルス　イギリスにおける労働者階級の状態』学習の友社　一九九五年

不破哲三『エンゲルスと「資本論」』上　新日本出版社　一九九七年

不破哲三『古典への招待』上　新日本出版社　二〇〇八年

松岡健一『医学とエンゲルス　社会医学の立場から』大月書店　二〇〇九年

エンゲルスに関する伝記

H・ゲムコー責任編集『フリードリヒ・エンゲルス　伝記』上・下　大月書店　一九七二年

ロイ・ウィトフィールド『マンチェスター時代のエンゲルス　その知られざる生活と友人たち』ミネルヴァ書房　二〇〇三年

トリストラム・ハント『エンゲルス　マルクスに将軍と呼ばれた男』筑摩書房　二〇一六年

『資本論』の解説

不破哲三『「資本論」探究　全三部を歴史的に読む』上・下　新日本出版社　二〇一八年

不破哲三『「資本論」全三部を読む　新版』①〜⑦　新日本出版社　二〇二一〜二〇二二年

マルクス関連の伝記など

フランツ・メーリング『マルクス伝』1〜3　大月書店・国民文庫　一九七四年
『モールと将軍』1〜2　大月書店・国民文庫　一九七六年
ロベール・ジャン・ロンゲ『マルクス――わが曽祖父』大月書店　一九七九年
田村秀夫『マルクスとその時代』中央大学出版部　一九八三年
ジョナサン・スパーバー『マルクス　ある十九世紀人の生涯』上・下　白水社　二〇一五年
マクシミリアン・リュベル、マーガレット・マネイル『神話なきマルクス　その生涯と著作に関する編年史研究』現代思潮新社　二〇二一年

ジョン・スノウ関連

デボラ・ホプキンソン『ブロード街の12日間』あすなろ書房　二〇一四年
ピーター・ヴィンテン・ヨハンセンほか『コレラ、クロロホルム、医の科学　近代疫学の創始者ジョン・スノウ』メディカル・サイエンス・インターナショナル　二〇一九年
ジョン・スノウ関連のUCLAサイト　https://www.ph.ucla.edu/epi/snow.html
ジョン・スノウ　アーカイブ　http://johnsnow.matrix.msu.edu/aboutsite.php

クリミア戦争、ナイチンゲール

ユルゲン・トールヴァルト『外科医の世紀　近代医学のあけぼの』へるす出版　二〇〇七年
オーランドー・ファイジズ『クリミア戦争』上・下　白水社　二〇一五年

徳永哲『闘うナイチンゲール　貧困・疫病・因襲的社会の中で』花乱社　二〇一八年
『ナイチンゲールの越境2・感染症　ナイチンゲールはなぜ「換気」にこだわったのか』日本看護協会出版会　二〇二一年
『ナイチンゲールの越境6・戦争　ナイチンゲールはなぜ戦地クリミアに赴いたのか』日本看護協会出版会　二〇二二年

リービヒ、物質代謝の関連

田中実『化学者リービッヒ』岩波新書　一九五一年
山岡望『続　化学史窓　リービッヒのアルバム』内田老鶴圃新社　一九七三年
椎名重明『増補新装版　農学の思想　マルクスとリービヒ』東京大学出版会　二〇一四年
尾関周二『21世紀の変革思想へ向けて　環境・農・デジタルの視点から』本の泉社　二〇二一年

パスツール関連

川喜田愛郎『パストゥール』岩波新書　一九六七年
パストゥール『自然発生説の検討』岩波文庫　一九七〇年
ポール・ド・クライフ『微生物の狩人』上・下　岩波文庫　一九八〇年
ビバリー・バーチ『伝記　世界を変えた人々⑩　パストゥール』偕成社　一九九二年
ピエール・ダルモン『人と細菌　17―20世紀』藤原書店　二〇〇五年
オーウェン・ギンガリッチ編集代表『ルイ・パスツール　無限に小さい生命の秘境へ』大月

書店　二〇一〇年
リンジー・フィッツハリス『ヴィクトリア朝　医療の歴史　外科医ジョゼフ・リスターと歴史を変えた治療法』　原書房　二〇二一年

コッホ関連

トーマス・D・ブロック『ローベルト・コッホ　医学の原野を切り拓いた忍耐と信念の人』シュプリンガー・フェアラーク東京　一九九一年
海堂尊『北里柴三郎』　ちくまプリマー新書　二〇二二年
森孝之『徹底解剖！　北里柴三郎　不撓不屈の精神で予防医学の礎を築いた人』　出版文化社　二〇二二年

イギリスの上下水道、ロンドンの都市づくり関連

鯖田豊之『都市はいかにつくられたか』　朝日新聞社　一九八八年
相原幸一『テムズ河　その歴史と文化』　研究社出版　一九八九年
S・E・ラスムッセン『近代ロンドン物語』　中央公論美術出版　一九九二年
ヒュー・バーティキング『英国上下水道物語　人間と都市を救い育てた苦闘の歴史』　日本水道新聞社　一九九五年
齋藤健次郎『物語　下水道の歴史』　水道産業新聞社　一九九八年
村岡健次『近代イギリスの社会と文化』　ミネルヴァ書房　二〇〇二年

公衆衛生関連
多田羅浩三『公衆衛生の思想』医学書院　一九九九年
丸井英二『わかる公衆衛生学　たのしい公衆衛生学』弘文堂　二〇二〇年

水関連
鯖田豊之『水道の文化――西欧と日本』新潮選書　一九八三年
ジャン・ピエール・グベール『水の征服』パピルス　一九九一年
鯖田豊之『水道の思想　都市と水の文化誌』中公新書　一九九六年
湯浅赳男『文明の中の水　人類最大の資源をめぐる一万年史』新評論　二〇〇四年
ブライアン・フェイガン『水と人類の1万年史』河出書房新社　二〇一二年

日本の上下水道
栗田彰『江戸の下水道』青蛙房　一九九七年
永井義男『江戸の糞尿学』作品社　二〇一六年
屎尿・下水研究会『トイレ　排泄の空間から見る日本の文化と歴史』ミネルヴァ書房　二〇一六年
堀越正雄『江戸・東京水道史』講談社学術文庫　二〇二〇年

国際衛生会議、検疫
脇村孝平「国際保健の誕生――一九世紀におけるコレラ・パンデミックと検疫問題」遠藤乾編『未来を拓く人文・社会科学シリーズ7　グローバル・ガバナンスの最前線――現在と過去

のあいだ』　東信堂　二〇〇八年
永田尚見『流行病の国際的コントロール　国際衛生会議の研究』　国際書院　二〇一〇年
秋道智彌、角南篤『シリーズ海とヒトの関係学④　疫病と海』　西日本出版社　二〇二一年
西平等『グローバル・ヘルス法　理念と歴史』　名古屋大学出版会　二〇二二年

一九世紀の日本のコレラ対策

長崎大学医学部『長崎医学百年史』　一九六一年
高谷道男『ヘボン』　吉川弘文館　一九六一年
ポンペ『日本滞在見聞記』　雄松堂書店　一九六八年
大滝紀雄『かながわの医療史探訪』　秋山書房　一九八三年
司馬遼太郎『胡蝶の夢』一～四　新潮文庫　一九八三年
宮永孝『ポンペ　日本近代医学の父』　筑摩書房　一九八五年
ヒュー・コータッツィ『ある英人医師の幕末維新　W・ウィリスの生涯』　中央公論社　一九八五年
R・H・ブラントン『お雇い外人の見た近代日本』　講談社学術文庫　一九八六年
樋口次郎編『横浜水道関係資料集　一八六二～九七』　横浜開港資料館　一九八七年
小野芳朗『〈清潔〉の近代　「衛生唱歌」から「抗菌グッズ」へ』　講談社選書メチエ　一九九七年
小玉順三『幕末・明治の外国人医師たち』　大空社　一九九七年

三杉和章編集『横浜と医学の歴史』 横浜市立大学一般教育委員会 一九九七年
樋口次郎『祖父パーマー 横浜・近代水道の創設者』 有隣新書 一九九八年
荒井保男『ドクトル・シモンズ 横浜医学の源流を求めて』 有隣堂 二〇〇四年
荒井保男『日本近代医学の黎明 横浜医療事始め』 中央公論新社 二〇一一年
内海孝『日本史リブレット 感染症の近代史』 山川出版社 二〇一六年
小島和貴、山本太郎『長崎とコロナウイルス』 長崎文献社 二〇二〇年
泉秀樹『幕末維新とパンデミック 医療戦士かく戦えり』 日本医療企画 二〇二一年

坂本　茂男（さかもと　しげお）
1961年　生まれ
1985年　東京学芸大学　卒業
1987年　千葉大学大学院教育学研究科　修了
現在　　日本共産党中央委員会　青年・学生委員会事務局

資本主義《しほんしゅぎ》の告発者《こくはつしゃ》とパンデミック　マルクス、エンゲルスの足跡《そくせき》から

2023年8月10日　初　版

著　者　坂本茂男
発行者　角田真己

郵便番号　151-0051　東京都渋谷区千駄ヶ谷4-25-6
発行所　株式会社　新日本出版社
電話　03（3423）8402（営業）
03（3423）9323（編集）
info@shinnihon-net.co.jp
www.shinnihon-net.co.jp
振替番号　00130-0-13681
印刷・製本　光陽メディア

落丁・乱丁がありましたらおとりかえいたします。

ISBN978-4-406-06760-7 C0036　Printed in Japan